100 activités pour signer et communiquer avec bébé

Nathan, Sejer, 25 avenue Pierre de Coubertin, 75013 Paris.
ISBN : 978-2-09-278815-8
N° d'éditeur : 10253218
Dépôt légal : avril 2012.
Achevé d'imprimer en France en février 2019
par l'imprimerie Clerc - 18200 Saint-Amand-Montrond

100 activités pour signer et communiquer avec bébé

Jeux, comptines, baby sign

auteures

Nathanaëlle Bouhier-Charles
Flavie Augereau

illustrations

Isabelle Nicolle

illustrations en langue des signes

Christophe Pernoud

Nathan

sommaire

À la découverte du monde 91

L'éveil des sens 123

Massage & bien-être 149

À la découverte de mon corps 191

Jour après jour, l'enfant grandit

Dans le ventre maternel, les sens de bébé se construisent déjà. Il touche avec tout son corps les parois utérines, il attrape le cordon et ses mains, il suce son pouce. Il goûte le liquide amniotique et le sent. Il entend le corps maternel (battements du cœur, intestins...), la voix maternelle, les bruits du dehors. Seule la vision est très peu sollicitée. Ces expériences sensorielles sont un lien avec la maman et avec l'extérieur.

À la naissance, les compétences sensorielles de bébé sont là. Elles le mettent dans une extraordinaire disposition à la création de liens. L'odorat, très lié au goût, est important dans la reconnaissance mère-enfant. L'ouïe joue son rôle dans l'intérêt particulier qu'a le bébé pour la voix humaine, de préférence si la personne s'adresse directement à lui. Par la vue, bébé s'intéresse avant tout à l'être humain qui lui fait face. Le toucher est présent dans le contact, le bien-être, le réconfort et l'exploration du monde.

L'enfant possède en lui la capacité à agir et à grandir harmonieusement. Pour développer pleinement ses potentialités, il a d'abord besoin de sécurité affective. **Parents, ayez confiance en lui, en ses capacités, mais aussi en vous-mêmes.** Suivez votre bon sens et votre instinct. Prenez le temps de l'observer, de l'écouter, de lui répondre. Aménagez son environnement, adaptez votre attitude et vos propositions à ce qu'il sait faire et aux possibilités naissantes. À son rythme, il va développer son autonomie et sa personnalité.

L'intérêt de l'enfant à être en lien avec l'autre et son envie de découvrir le monde l'amènent à construire sa conscience de soi, à explorer et à exercer ses possibilités motrices. Sa maturation neurologique lui en donne progressivement les moyens.

- Il tient de mieux en mieux sa tête (3 mois).
- Il s'intéresse à ses mains dans son champ visuel, les attrape, découvre son corps.
- Il saisit les objets proches (3-4 mois).
- Il se retourne du dos sur le côté (4 mois), puis sur le ventre, et du ventre sur le dos (6-8 mois).

• Il commence à ramper (8 mois) et découvre le quatre-pattes (9 mois). Dans le même temps, il sait s'asseoir seul.

• Sa préhension devient précise. Il utilise des gestes dans la communication et les jeux : « au revoir », « bravo », « caché »...

• Il commence à se mettre debout, avec les appuis à sa hauteur (10 mois) et se remet au sol.

• Il débute en déplacement debout, avec appui sur les meubles, avant de pouvoir accéder à la marche autonome (12-18 mois).

Puis il affine toutes ces possibilités : réussir avec de moins en moins d'appui, dans divers plans de l'espace, maîtriser la vitesse, accéder aux sauts, à la course. À 3 ans, un enfant possède tous les acquis moteurs de base : s'asseoir, ramper, se déplacer à quatre pattes, marcher, courir, sauter.

Voyez la logique de la succession des acquisitions – **les âges ne sont qu'indicatifs**. Chaque enfant a son rythme, son style et **possède des compétences qu'il ne demande qu'à enrichir, sous votre regard bienveillant.**

Si vous avez des craintes ou des interrogations, des professionnels sont là pour vous conseiller et vous orienter au besoin : médecins, pédiatres, psychomotriciens. Même si un enfant connaît des difficultés ou un retard, quel qu'en soit le motif, **il a des compétences qu'il ne demande qu'à enrichir. Chaque enfant possède en lui cette énergie qui le pousse à avancer,** un potentiel à grandir, à être en lien, à s'intéresser au monde extérieur.

Ce livre vous accompagnera au quotidien, pour des moments de plaisir et de respect mutuel. En fonction de votre enfant, adaptez au besoin certaines propositions d'activités.

Bonne route !

Bienvenue au pays des signes

Dans cet ouvrage, nous avons eu envie de vous faire découvrir la magie de la communication gestuelle. Dès les premiers jours de sa vie, le bébé humain imite instinctivement les mouvements faciaux des personnes qui l'entourent : sourires, mouvements de bouche... Puis cette capacité progresse, la maturation des muscles, en particulier de ses bras, de ses mains et de ses doigts s'affine, il saisit, pointe du doigt... Ses capacités d'observation et de mémoire s'aiguisent. Il vous étudie lorsque vous imitez la démarche et les cris des animaux et cherche à faire comme vous. Il est fasciné par le ballet de vos mains quand vous faites devant lui les gestes des comptines et des chansonnettes traditionnelles.

Les premiers signes

Vers 8-9 mois, le bébé commence à tourner les poignets quand vous chantez « les petites marionnettes » et à vous accompagner dans les chansons à gestes.

Vous vous émerveillez quand il se met à applaudir spontanément, quand il envoie ses premiers baisers et agite la main pour dire « au revoir ». Par imitation, il reprend avec vous « chut » avec l'index devant la bouche, « dodo » avec les yeux fermés et la tête penchée sur les mains jointes, « miam » en se frottant le ventre, et sûrement bien d'autres encore. Presque automatiquement, vous faites oui et non de la tête ou vous pointez un objet quand vous attendez qu'il vous imite pour vous donner une réponse. Votre instinct vous guide et vous amène à faire des sons, à gesticuler, pour capter son attention, l'inviter à la communication et approfondir le partage.

La gestuelle pour mieux se faire comprendre

Nous vous proposons d'élargir ce répertoire et de l'enrichir, en introduisant dans votre quotidien **100 signes simples et ludiques**, empruntés à la Langue des signes française (LSF).

Attention, « signer » avec les bébés se limite à un ou deux mots clés dans une phrase.

Il n'est pas question ici de vous donner des rudiments de LSF, qui est une vraie langue avec une grammaire propre, bien différente du français.

Dans un contexte familial ou à la crèche, il s'agit juste d'illustrer avec nos mains la séquence de la phrase qui a le plus de sens.

Par exemple :
Tu veux ***manger*** ? ***boire*** ? une **pomme** ? un **gâteau** ?
Tu en veux ***encore*** ? Non, c'est ***fini*** ? Tu as ***mal*** ?
Allez, c'est l'heure du **bain** ! On change la **couche**.
Oh ! regarde, un ***chien*** ! ***Où*** est le ***chat*** ? Tu veux de l'***aide*** ? Tu as eu ***peur*** ?

Comment ?

Au fil des activités, des jeux, des chansons et des conversations qui en découleront, les signes s'intégreront naturellement dans votre quotidien et, avant de vous en apercevoir, vous mettrez à la disposition de votre enfant un large vocabulaire en signes qui vous permettra de mieux communiquer en attendant que les mots s'installent.

À son rythme, l'enfant vous observera, balbutiera en signes comme il babille avec sa voix, puis formera les signes en même temps que vous et les reproduira quand il en aura besoin.

Votre petit pourra exprimer ses besoins et ses envies, dire ce qu'il a vu, entendu et ressenti.

Les signes lui permettront d'être mieux compris, il se sentira plus facilement reconnu, capable, acteur, confiant et il prendra goût à l'art de communiquer.

Pourquoi ?

Les signes nous invitent à prendre le temps d'établir le contact, à se regarder, à ralentir le rythme, à baisser le ton, à être attentif à l'expression de l'autre. Profitez-en pour observer votre enfant. Découvrez ce qui le fascine, ce qu'il aime regarder, entendre, toucher, sentir, faire. Vous découvrirez de façon étonnamment précise ce qui retient son attention, ce qui l'émeut, le perturbe. Vous aurez un aperçu des relations qu'il établit entre les choses qui l'entourent et de la façon dont son intelligence se construit pas à pas.

Un enfant qui se sent mieux compris et un adulte qui se sent plus compétent, des frustrations qui diminuent d'un côté comme de l'autre, voilà de bonnes raisons de se lancer dans l'aventure !

Offrez les signes avec régularité, patience et tout votre amour. Ils sont un plus qui nourrit et fortifie les liens. Nous vous souhaitons de merveilleux moments de complicité.

Les signes basiques

Certains signes reviennent souvent dans les échanges. En voici huit basiques pour vous dégourdir les doigts.

Il nous importe de respecter la LSF. Pourtant, pour faciliter les signes au quotidien, nous proposons quelques simplifications, comme « singe » au lieu de « ouistiti ».

Normalement, en LSF, la négation se fait d'un geste spécifique ou d'un signe différent : pour « aimer », la main glisse de la poitrine vers le haut (voir p. 20), tandis que, pour « ne pas aimer », la main glisse vers le bas. Dans la communication gestuelle avec le tout-petit, pour accompagner votre parole, ajoutez simplement au signe votre geste naturel du « non » (index, tête...).

De nombreux signes ont des variantes. Cela explique que vous puissiez voir d'autres gestes pour un même mot suivant les sources.

Bons signes !

Les mots en **gras** *sont illustrés en langue des signes. Sur les dessins, le début du mouvement est en noir, la fin est en gris.*

Le cercle placé avant le dessin illustre le signe à faire en premier ; le cercle placé après le dessin illustre le geste suivant.

Les mots suivis d'un astérisque ne sont pas illustrés mais leur signe est décrit.*

Les signes basiques

aimer

encore

fini

I love you

Voici un petit signe international qui combine le signe du I, du L et du Y.

merci

s'il te plaît

où

pareil

Des activités pour tous les jours

Vos journées offrent d'innombrables occasions pour introduire des signes. Saisissez-les ! Commentez ce qui se passe autour de vous et signez, dès que vous le pouvez, le mot le plus important de votre phrase.

Signez quand vous annoncez une activité : *Viens, on va*

se ***promener****,* quand une action se réalise : *Tu* ***danses*** *!*, juste après : *Oh ! c'était super de* ***sauter*** *sur le trampoline.*

Signez quand votre attention se dirige vers la même chose en même temps : *Oh ! tu entends ce bruit ? Oui, c'est une* ***voiture*** *! Comme ils sont beaux, ces* ***poissons*** *! Hum ! ça sent le parfum de* ***papa*** *! Quel délice, cette* ***pomme*** *!*

Signez quand vous voulez attirer l'attention de votre enfant :

Tu la vois, la petite ***fleur*** *blanche ?*
Attention, c'est ***chaud*** *!*

Soyez attentif et patient, signez le plus souvent possible.

Signez pour la joie de partager avec lui, même s'il ne signe pas encore en retour.

Le repas

manger

boire

téter

eau

lait

jus de fruit

compote

yaourt

pain

beurre

gâteau

chocolat

fraise

pomme

banane

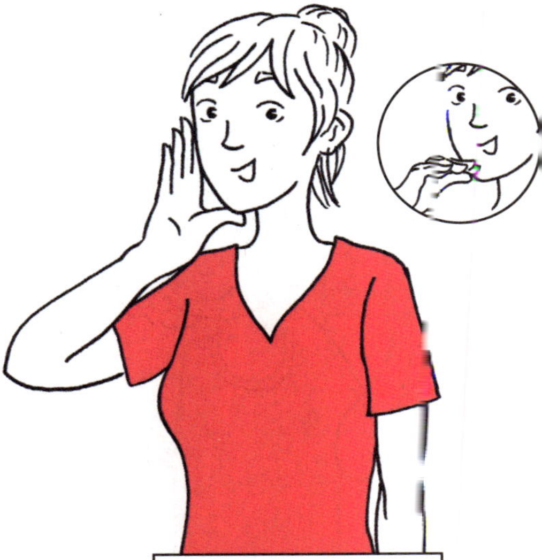

poire

carotte

salade

Verte ou composée.

tomate

fromage

purée

pâtes

riz

viande

1

miam !

Le moment du repas est un moment riche, plein d'expérimentations et d'apprentissages. Votre petit explorateur patouille, pétrit, étale, porte à la bouche, goûte, renifle, jette, crache, joue avec les couleurs, les saveurs, les textures et même les sons en faisant tomber sa fourchette ou couler l'eau de son verre. C'est ainsi, en engageant tous ses sens, que votre enfant apprend si vite ! Faites de ce moment un rendez-vous agréable, joyeux et créatif.

Composez des assiettes appétissantes et amusantes : faites une tête avec des yeux en œuf, des cheveux en carottes râpées, une bouche en quartier de tomate, des dents en bâtonnets de légumes. Ajoutez quelques raisins secs et une pointe de sauce pour agrémenter votre création. Bon appétit !

2

à table !

Pour accompagner le repas – ou seulement pour s'amuser –, adaptez cette chanson avec le prénom de votre enfant.
Sur l'air de *Un jour dans sa cabane, un tout petit bonhomme*

Un jour dans sa ***cabane***

▸ **signez maison**

(prénom) voulait ***manger***
Une ***compote*** *de pommes.*

Refrain :
Oléoléo miam ! miam !
Tchoum bala tchoum bala tchoum miam ! miam ! **(x 3)**
Oléoléo miam ! miam ! miam ! miam !

Un jour dans sa **cabane**
(prénom) voulait **manger**
Du **pain** *et du* **fromage**.

Un jour dans sa **cabane**
*(prénom) le p'tit gourmand**
Buvait *son* **chocolat**.

* Gourmand(e) : main plate, à l'horizontale, le côté de l'index vient tapoter deux fois sur la gorge.

3

les goûts de la famille

Sur l'air de *Mon papa, il va au cinéma.*

1

Mon **papa***, il aime le* **chocolat**
Ma **maman***, elle n'en mange* **pas** *souvent*
Mon p'tit frère, il aime les pommes de terre**
Ma p'tite sœur, elle y ajoute du* **beurre**.

Refrain :

J'aime *toute ma famille*
Mais aussi tous mes **amis**
*Sans oublier ma nounou**
Et bien sûr tous mes doudous.*

2

Mon tonton, il aime ce qui est bon
Ma tata, elle fait des bonnes pizzas

▸ **se frotter le ventre**

Mon papi, il mange beaucoup de ***riz***
Ma mamie, elle aime les ***spaghettis***
▸ **signez pâtes**

* Frère : joignez pouce et index, les autres doigts sont bien tendus et écartés. Faites passer le bout du pouce sur le bout de l'index, vous obtenez la lettre F (pour frère) en LSF, que vous agitez légèrement de droite à gauche.

* Sœur : fermez le poing, passez le pouce sur les doigts repliés. Vous faites ainsi la lettre S (pour sœur) en LSF. Agitez ce S légèrement de droite à gauche.

* Nounou : les doigts sont rassemblés, comme pour « manger », vers l'avant. L'avant-bras vient tapoter contre la main de l'autre bras, replié devant soi.

* Doudou : poing fermé, l'index est replié sur l'extrémité du pouce et vient toucher deux fois la bouche.

* Pomme de terre : le pouce et l'index d'une main sont ouverts en forme de C, les autres doigts repliés. Cet économe vient « éplucher » le poing fermé de l'autre main.

Retrouvez la vidéo de cette chanson en version intégrale avec tous les signes sur :
http://youtube.com/user/100activitesbabysign

Jouer, lire, découvrir

jouer/s'amuser

voiture

Pour **camion** : tenez le volant plus à plat que celui d'une voiture et gonflez les joues.

avion

vélo

ballon/balle

Gonflez les joues et écartez les mains en fonction de la taille.

poupée

livre

histoire

chanter

sauter

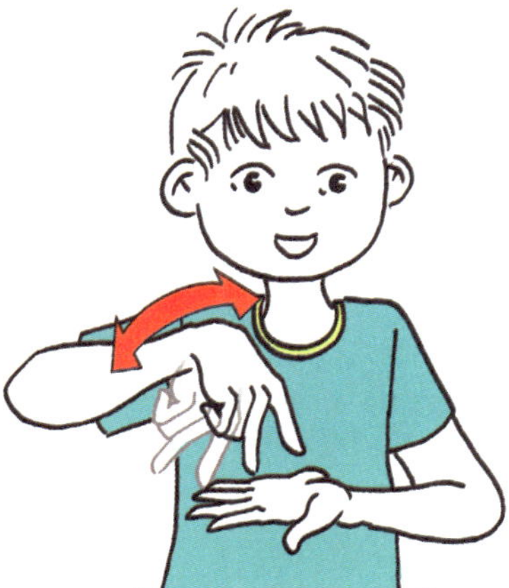

danser

se promener

4

chanson pour jouer

Une chanson à inventer sur l'air de *Dans mon pays d'Espagne*, pour signer et bouger. La chanson recommence toujours de la même façon, les actions s'ajoutent progressivement les unes aux autres.

Pour ***m'amuser*** *et* ***jouer****, olé !* **(bis)**
J'lance le ***ballon*** *comme ça* **(bis)**.

Pour m'amuser et jouer, olé ! **(bis)**
J'berce ma ***poupée*** *comme ça* **(bis)**
J'lance le ballon comme ça **(bis)**.

Pour m'amuser et jouer, olé ! **(bis)**
J'roule ma ***voiture*** *comme ça* **(bis)**
J'berce ma poupée comme ça **(bis)**
J'lance le ballon comme ça **(bis)**.

Et au fur et à mesure :

Je fais ***l'avion*** *comme ça* **(bis)**
Je fais des ***sauts*** *comme ça* **(bis)**
Je ***me promène*** *comme ça* **(bis)**
Je ***chante*** *un air comme ça* **(bis)**
Je ***danse*** *partout comme ça* **(bis)**
J'fais du ***vélo*** *comme ça* **(bis)**
Je lis un ***livre*** *comme ça* **(bis)**
J'écoute les ***histoires*** *comme ça* **(bis)**.

5

cinq petits doigts

Cinq petits doigts qui s'ennuient s'en vont en voyage **

Le plus gros part en **camion**

▸ **saisissez le pouce**

Le deuxième part en **avion**

▸ **remuez l'index**

Le troisième part en **auto**

▸ **faites bouger le majeur**

Le quatrième en **vélo**

▸ **pointez sur l'annulaire**

Le petit dernier est parti **se promener** *!*

▸ **finissez avec l'auriculaire**

* S'ennuyer : mimique du visage, soupirez et frottez votre joue du bout des doigts deux fois vers le bas comme pour signifier « barbant ».

* Voyage : regroupez pouce, index et majeur en pince au niveau de la poitrine et faites un mouvement vers l'extérieur en les ouvrant deux fois dans deux directions différentes.

6

jeux pour patienter

Dans une salle d'attente, en voyage, il est parfois bien difficile d'attendre pour un jeune enfant. Ayez toujours des en-cas qui se conservent bien (comme des fruits secs) pour pouvoir les sortir en cas de longueur imprévue, ainsi que de quoi boire. Souvent, une pause goûter ou une pause pipi suffisent à calmer des tensions et à recharger les batteries. Voici quelques idées pour patienter en s'amusant.

- **Des ballons de baudruche :** ils ne prennent pas de place et occupent longtemps ! On peut les lancer, les attraper, les gonfler, jouer avec l'air, faire des bruits.
- **Un carnet et un crayon :** pratiques pour dessiner, gribouiller, tracer le contour de sa main ou de la vôtre et la colorier, mais aussi déchirer des petits bouts de papier, plier des avions...

- **Un jeu de Memory** qui permet d'apprendre des mots nouveaux, de faire des paires et des familles, ou de mimer les bruits des animaux.
- **Le jeu de Kim** peut se jouer avec presque rien, quasiment partout, et de nombreuses variantes sont possibles.

– Kim « Qui est **caché** ? » : disposez deux ou trois objets devant vous (une couche, un gâteau, une gourde d'eau, un bonbon, un mouchoir, des figurines...). Nommez-les et signez, puis recouvrez-les d'un tissu. Demandez à l'enfant de citer les objets cachés.
– Kim « Qui est en plus ? » : nommez les objets, cachez-les et ajoutez-en un discrètement. Découvrez et laissez l'enfant désigner l'intrus.
– Kim « Qui a disparu ? » : après un temps d'observation, recouvrez les objets et retirez-en un. On peut par la suite en ôter plusieurs.

7

les cabanes

Les enfants adorent se cacher et se bâtir tout un monde de fantaisie. Là où nous ne voyons qu'un simple carton, ils voient un bateau, une voiture de course ou une navette spatiale. Et sous une nappe ou un plaid, ils vont aménager une grotte, un château ou une cachette secrète.

Proposez à votre enfant de construire une **maison**. Inutile de vous compliquer la vie, vous avez tout à portée de main : un vieux drap, un paréo, une couverture, des coussins, des pinces à linge (type Clip Soft), quelques rubans et cordes si besoin. Ajoutez quelques déguisements : chapeaux, gants, foulards, ceintures, bijoux, sacs, chaussettes et chemises. Observez votre enfant créer son monde imaginaire et aidez-le si besoin. Des paysages et des histoires uniques vont apparaître et se déconstruire au fil des histoires qu'ils s'inventent. Un vrai régal !

8

la marchande

Pour jouer à la marchande, nul besoin de matériel sophistiqué. Un petit coin de pièce, un banc ou une caisse retournée pour faire un étal et c'est parti ! Partez ensemble à la recherche d'accessoires et dénichez cagettes de mandarines vides, corbeilles, sacs, paniers, balance à plateaux, noix, marrons, noisettes, fruits et légumes en pâte à sel et autres trésors à vendre ou à troquer.

Vous optez pour la dînette ? Récupérez boîtes et emballages divers : boîte à camembert, à œufs, pots de yaourt, boîte de margarine. Choisissez parmi la vaisselle incassable en bois, métal ou plastique : petit pichet, entonnoir, plateau, cuvette, louche, pince à sucre, mini fouet... Un vieux foulard coloré en guise de nappe et hop ! en route pour un pique-nique !

9

lire des livres

Dès tout-petit (1 ou 2 mois), votre enfant va s'intéresser aux livres : d'abord les imagiers aux illustrations simples et contrastées, puis les albums, avec ou sans texte.

Le livre se regarde... mais pour le bébé, c'est aussi un objet à manipuler : secouer, mordiller, toucher, caresser, tapoter, ouvrir, fermer, ranger... Donnez-lui des livres et des catalogues pour qu'il puisse expérimenter tout cela. Puis montrez-lui, lorsqu'il grandit, comment les manipuler avec précaution et respect. Laissez les livres qu'il aime en libre accès, à sa hauteur.

Variez les plaisirs : proposez-lui différentes tailles, des livres à toucher, des livres à trous, qui se déplient, en accordéon, des livres à tirettes, des imagiers, des albums... Bien sûr, adaptez les propositions de livres à votre enfant. Et laissez-le choisir.

Très tôt, emmenez votre enfant dans des médiathèques ou des librairies pour la jeunesse et demandez des conseils. On y organise aussi régulièrement des animations « bébés lecteurs ».

Lire avec son enfant est un moment d'échange extraordinaire. Installez-vous confortablement. Lisez, regardez et observez ensemble. Commentez les images seulement si votre enfant le sollicite, par ses questions ou ses réactions. Osez aussi des livres sans texte ou à onomatopées, qui ont une vraie musicalité.

La lecture d'un livre est l'occasion de jouer avec sa voix : accent, vitesse, volume. N'oubliez pas que le passeur de livres est aussi un passeur d'émotions.

Profitez de la lecture des livres pour signer les mots clés du récit ! Cela ajoute du sens.

La toilette

pipi

caca

changer

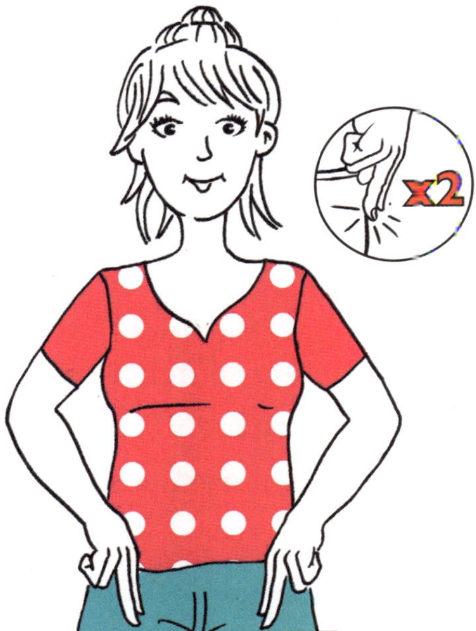

couche

Signe américain.

bain

s' habiller/les habits

chaussures

se coiffer

10

s'habiller

Chanter pour accompagner des moments du quotidien rend souvent ces rendez-vous beaucoup plus drôles. C'est aussi l'occasion d'accompagner votre enfant dans la connaissance de son corps. Créez vos propres versions des chansons populaires... pourquoi pas en vous inspirant de celle-ci, sur l'air de *Frère Jacques*.

La main droite **(x 2)**
Lève-toi **(x 2)**
Et va dans la manche **(x 2)**
De ton pull **(x 2)**.

La main gauche **(x 2)**
Lève-toi **(x 2)**
Et va dans la manche **(x 2)**
De ton pull **(x 2)**.

Et la tête (x 2)
Passe par là (x 2)
Coucou te voilà (x 2) *!*
Clap, clap, clap (x 2) *!*

La jambe droite (x 2)
Glisse ici (x 2)
Dans le pantalon (x 2)
C'est tout bon (x 2).

La jambe gauche (x 2)
Glisse ici (x 2)
Dans le pantalon (x 2)
C'est tout bon (x 2).

Mon grand chéri (x 2)
Tu es prêt (x 2)
Pour sauter partout (x 2)
Avant cela un bisou (x 2).

11

promenons-nous dans les bois

Cette chanson vient égayer le temps de l'habillage. C'est aussi un moment où l'enfant anticipe la sortie du loup, prêt à venir le croquer. Il peut alors rire de sa peur !

Promenons**-nous dans les **bois

▸ **signez forêt**

Pendant que le loup n'y est pas*

*Si le loup y était, il nous **mangerait***

*Mais comme il n'y est pas, il nous **mangera pas** !*

▸ **ajoutez le signe non**

Loup ! Que fais-tu ?*

Je mets ma culotte !

... mon pantalon !

... mon tee-shirt !

... mon pull !

... mon manteau !

... mes chaussettes !

... mes ***chaussures*** *!*

Je sors te croquer !

Reprenez au début ou enchaînez les vêtements, pour raccourcir la chanson. Vous pouvez montrer les vêtements, tout simplement.

* Loup : faire le museau avec une main, de la bouche vers l'avant.

* Que fais-tu : les deux poings fermés, pouces sortis à l'horizontale. Ceux-ci viennent se toucher (deux fois) devant soi.

12

pipi sur l'gazon

Cette chansonnette sympathique est idéale pour le moment du change ou en allant sur le pot. Les enfants aiment beaucoup son petit côté impertinent. Elle est aussi très mignonne à signer.

J'fais ***pipi*** *sur l'****gazon***
▸ **signez herbe**
Pour embêter les ***coccinelles***
J'fais ***pipi*** *sur l'****gazon***
Pour embêter les ***papillons****.*

Be bop a lula

Improvisez des chansons pour les routines quotidiennes en détournant des airs connus ou que vous aimez.

Be bop a lula
Qu'est-ce qui se cache là ?
Be bop a lula
Voyons cette couche-là.
Be bop a lula
Y a-t-il un caca ?
Be bop a lula
Ou bien un pipi ?
Be bop a lula !
Ouiii, changeons-la, changeons-la !

13

se débarbouiller

Nommez les parties du visage de votre enfant pendant que vous le débarbouillez. C'est ludique et c'est une bonne façon de lui faire prendre conscience de son corps.

Je fais le tour de ma figure
Je caresse mes cheveux
Je pose mes doigts sur mes yeux
Je frotte mes joues
Je pince mon nez
Je fais le tour de ma bouche
Je pianote sur mon menton
Et sur mon cou, je fais guili guili guili.

Sur l'air de *Tapent tapent petites mains* :

Frotte frotte mon bout du nez
Frotte frotte mon front entier
Frotte frotte mes rondes joues
Frotte frotte mon p'tit menton.

Mes très beaux yeux sont nettoyés
Mon bout du nez est bien lavé
Mes rondes joues sont toutes rosées
Mon visage est débarbouillé !

14

couper les ongles en chantant

Pour rendre ce moment plus amusant et participatif, utilisez des chansons ou des comptines, improvisez des histoires. Ainsi, la routine devient plus rigolote, et votre petit sera ravi de vous tendre les doigts !

Ma main est une fleur

Ma main est une fleur

▸ **prenez la main de l'enfant dans la vôtre et la caressez-la**

Mes doigts sont des pétales

▸ **touchez les doigts**

Je t'aime

▸ **coupez l'ongle du pouce, puis de chaque doigt à la suite**

Un peu

Beaucoup

Passionnément

À la folie.

Pouce part en voyage

Pouce part en voyage
L'index l'accompagne à la gare
Le majeur porte la valise
L'annulaire porte le manteau
L'auriculaire suit derrière.

Le petit jardin

Dans mon ***jardin****, tout rond, tout rond*

▸ **dessinez des ronds dans la main**

Il y a :

▸ **énumérez un fruit ou un légume pour chaque doigt**

Des **salades**
Des **carottes**
Des **tomates**
Des **fraises**
Des **poires***.*

Une fois les ongles coupés, reprenez la comptine en la signant.

L'entourage

papa

maman

bébé

ami(e)

jardin

forêt

travail

maison

15

une personne, un signe

En langue des signes, chacun a un signe personnel, lié à une de ses caractéristiques : une particularité physique, un trait de caractère, le sens du prénom, une passion... « Yeux en amande », « sourire », « jardin » pour celui qui y passe beaucoup de temps, « rose » pour mamy Rose. Le nom-signe reprend un signe existant ou est inventé. La première lettre du prénom est souvent associée. En LSF, chaque lettre est représentée par une position de doigts spécifique, que vous trouverez aisément dans des ouvrages. Par exemple, un A (poing fermé sauf le pouce) vient souligner les beaux yeux en amande d'Amélie. Amusez-vous à inventer un signe pour chaque proche : frères, sœurs, oncles, tantes, grands-parents, nounou, amis, les animaux de la maison. Laissez parler votre créativité, et celle de vos enfants !

Ici, Lucie se signe avec le L en LSF, au niveau de sa fossette quand elle sourit et à la manière du signe lumière (les doigts regroupés s'ouvrent) car le prénom Lucie signifie lumière.

16

ma famille

Sur l'air d'*Une chanson douce*, évoquez les membres de la famille tendrement, avec des noms-signes (voir page précédente), des signes et des mimes.

Une ***chanson*** *douce que me* ***chantait*** *ma* ***maman***

▶ **signez chanson**

En suçant mon pouce

▶ **le pouce près de la bouche**

J'écoutais en ***m'endormant****.*

Un ***câlin*** *tout doux que me faisait mon* ***papa***

Là tout contre lui

J'aimais *être dans ses bras.*

Les ***bisous*** *partout que me faisait ma grande sœur*

▶ **signez bisous un peu partout...**

Partout dans mon cou

▶ **et dans le cou**

Ça faisait battre mon cœur.

▸ **posez la main sur le cœur**

Des chatouilles * *très drôles que me faisait*
mon tonton
Des pieds à la tête
Ensemble nous rigolions.

Les belles histoires que me lisait mon papy
Blotti contre lui
C'était bien les jours de pluie.

* Chatouilles : les mains se font face, les doigts s'agitent.

17

la famille Tortue

Voici une interprétation de cette célèbre comptine avec les sonorités et les gestes (différents des signes). Chantez la chanson une première fois. Recommencez et remplacez les mots soulignés par des gestes et/ou des sons, indiqués à côté. Tout petits déjà, les enfants adorent les jeux de sons et d'onomatopées, précieux pour le développement du langage.

Jamais on n'a vu

▸ **main au-dessus des yeux /« zou ! »**

Jamais on ne verra

▸ **autre main au-dessus des yeux/« zou ! »**

La famille Tortue

▸ **tapez des mains/claquez la langue**

Courir après les rats

▸ **descendez vite la main comme sur un toboggan/ « ouizzzz ! »**

Le papa Tortue

▸ **tapez des mains/claquez la langue**

Et la maman Tortue

▸ **comme ci-dessus**

Et les enfants Tortue

▸ **comme ci-dessus**

Iront toujours au pas !

▸ **tapez des pieds/« boum boum »**

Les rituels

bonjour

bonne nuit

au revoir

à tout à l'heure

dormir

se réveiller

bisous

câlin

18

pour se réveiller

Après une nuit de sommeil, laissez à votre enfant le temps de se réveiller et accordez-vous quelques minutes de tendresse pour vous dire bonjour et évoquer le programme de la journée.
La comptine qui suit peut se faire de deux façons. Soit l'adulte touche les doigts de l'enfant, soit il fait jouer les siens et signe.

Petit pouce **dort** *bien au chaud*

▸ **main fermée, on toque avec l'index replié**

Toc, toc, toc ! Pouce, c'est l'heure.

Non non non, non je ne veux pas me lever

▸ **faites non avec le poing**

▸ **répétez de différentes façons**

Bon d'accord, je sors !

▸ **le pouce sort**

Bonjour**, **maman

▸ l'index touche le pouce

Bonjour**, **papa

▸ l'index touche le majeur, qui se lève

***Bonjour**, grand frère**

▸ l'index touche l'annulaire, qui se lève

***Bonjour**, p'tite sœur**

▸ l'index touche l'auriculaire; qui se lève

*Tout le monde est **réveillé**,*

*On va tous **déjeuner** !*

▸ signez manger et faites courir vos doigts le long du bras de l'enfant

19

pour s'endormir

Quoi de plus sécurisant qu'un petit rituel pour se préparer à une longue nuit ? Invitez le calme et la sérénité en fredonnant les berceuses de votre enfance ou en récitant une petite comptine. Vous pouvez aussi piocher dans le répertoire du chant prénatal, qui est très riche en rythmes apaisants.
Voici quelques pistes pour composer votre propre rituel du coucher.

Comptine sur le visage

Je fais le tour de ma maison

▸ **faites le tour du visage**

J'éteins les lumières

▸ **touchez les paupières**

Je ferme les volets

▸ **touchez les oreilles**

Je descends l'escalier

▸ **passez le long du nez**

Je ferme la porte, « clic clac »

▸ **touchez la bouche**

Et je fais : « Bonne nuit ! ».

▸ **bisou sur le front**

Berceuse*

Dans sa grande ***maison***
Maman *berce le* ***bébé***
chut*, chut, pas de bruit*
le bébé s'est ***endormi****.*

*Auteur : Benoît Viquesnel, association Mandarine.
(Coordonnées en fin d'ouvrage)

20

pour se quitter et se retrouver

Les séparations sont apaisées quand l'enfant ré-entend où chacun passe sa journée et est assuré de retrouver ses proches. Le matin, prenez quelques minutes pour vous séparer et vous dire « à ce soir » en douceur, sur l'air de *Pirouette, Cacahouète*.

Il était une p'tite **maman**
Pirouette, cacahouète
Il était une p'tite **maman**
Qui allait à son **travail** **(x 2)**.

Il était un p'tit **papa**
Pirouette, cacahouète
Il était un p'tit **papa**
Qui allait à son **travail** **(x 2)**.

Il était un p'tit enfant
▸ **remplacez par le prénom**

Pirouette, cacahouète
Il était un p'tit enfant
Qui allait **jouer** *chez sa nounou*/à la crèche** (x 2).

*Son grand frère est à l'école**
Pirouette, cacahouète
Son grand frère est à l'école
Il va jouer avec ses **amis** (x 2).

Papa, maman vont revenir
Pirouette, cacahouète
Papa, maman vont revenir
Tout le monde ira à la **maison** (x 2).

* Nounou : voir p.37 ou faire le nom-signe de la nounou.

* Crèche : comme « maison » avec une main où les doigts s'agitent.

* École : pouces et index ouverts (en L). Les pouces touchent les épaules puis les index touchent plus bas (les bretelles d'un sac).

Le soir, fêtez les retrouvailles en inventant
une petite chanson.

Sur l'air de *Frère Jacques*

Mon p'tit ours, mon pt'tit ours
Quelle joie, quelle joie
De te retrouver et de te serrer
Dans mes bras, dans mes bras.

Laissez parler votre imagination et votre créativité.
Associez les frères et sœurs à ce petit rituel et
faites-leur confiance pour inventer des poèmes
ou des chansons !

21

les albums de photos

Les tout-petits adorent les albums de photos. Ils aiment observer, nommer, se souvenir des bons moments... Choisissez de petits albums à pochettes ou plastifiez les photos et attachez-les. Vous pouvez aussi créer de petits imagiers personnalisés avec des photos. Laissez ces albums à sa disposition, avec ses livres, par exemple. Si vous légendez les photos, le personnel de la crèche ou son assistante maternelle pourra en parler avec lui.

Quelques idées d'albums

Mes proches : papa, maman, frères et sœurs, grands-parents, amis, animaux de la maison, doudous... C'est un outil précieux pour soutenir l'enfant dans les moments de séparation.

Je grandis : mettez une photo par mois de votre enfant. Vous pourrez parler de vos souvenirs avec lui, évoquer son histoire.

Les lieux que j'aime : ma maison, le parc, la forêt, la crèche, la plage des vacances... Vous pouvez aussi mettre une photo de votre lieu de travail pour l'aider dans les séparations. Il saura ainsi où vous êtes.

Les objets du quotidien : des photos ou des images découpées dans des magazines d'objets, voitures, vêtements... c'est une excellente occasion d'enrichir son vocabulaire.

Les animaux : un imagier personnalisé avec tous les animaux qui vous entourent... et les autres !

Les émotions

avoir mal

être en colère

avoir peur

pleurer

triste

content

rire

aider

22

des bobos et des mots

Il est important pour le jeune enfant de pouvoir exprimer ses émotions et de savoir qu'elles seront accueillies avec bienveillance. Si l'adulte est capable de l'écouter dans son chagrin et sa détresse, il pourra facilement et rapidement se libérer de ses peurs et de ses frustrations. Parfois, après avoir versé de chaudes larmes, l'enfant a besoin d'un petit rituel pour reprendre pied. Voici un petit poème magique.

Guéri-guéra, guérissons ça

▸ **caressez votre main ou celle de l'enfant ou laissez l'enfant caresser sa propre main**

Sans le docteur

▸ **mimez l'écoute du cœur au stéthoscope et faites un signe de négation**

Sans arnica

▸ **faites le geste d'étaler de la pommade**

Je souffle

Je frotte

J'embrasse

Et voilà le ***bobo*** *qui passe.*

▸ **signez avoir mal et écartez les deux mains ouvertes pour signifier le bobo qui a disparu**

23

comment vont les doigts ?

Voici une petite histoire pour mettre les émotions en mots et en signes. Soyez expressif pour bien souligner chaque état et ralentissez à la fin pour le retour au calme.

Au départ, la main est fermée. Puis chaque doigt est déplié à tour de rôle et reste déplié.
Vous pouvez signer d'une main et guider la main de l'enfant en même temps.

Celui-là est ***content***

▸ **pouce et index d'une main déplient l'auriculaire de l'autre main puis le laissent déplié avant de saisir le suivant**

Celui-là ***pleure***

▸ **annulaire**

Celui-là est en ***colère***

▸ **majeur**

Celui-là a un peu ***peur***

▸ index

Et celui-là ***dort***

▸ pouce

Chut !

▸ la main ouverte se retourne dans l'autre main, de façon à « coucher » le pouce dans le creux. Les doigts qui ont été dépliés servent de toit ou de couverture.

À la découverte du monde

Vous souvenez-vous du regard que vous portiez sur ce qui vous entourait, sur le monde, quand vous étiez enfant ? Qu'est-ce qui vous émerveillait, vous intriguait, vous questionnait, vous inquiétait, vous rassurait, vous attirait et vous faisait rire ? Quels jeux ou autres occupations vous ont marqué ?

L'enfant n'a pas besoin d'activités estampillées « éducatives » pour s'éveiller. Il découvre et apprend dans la vie de tous les jours. Prenez plaisir à faire avec lui des activités simples, qui, pour beaucoup, s'inscrivent dans le quotidien. Soyez attentif à ses réactions et à ses intérêts. (Ré)ouvrez vos yeux d'enfant, laissez-vous surprendre, saisissez les occasions de tous les jours, ou plus exceptionnelles.

Les animaux

chien

chat

oiseau

poisson

papillon

coccinelle

Faire papillonner les doigts et décrire un cercle.

araignée

escargot

lion

ours

vache

cheval

24

les animaux

Les animaux ont une place importante dans la vie des enfants, ils ne laissent jamais indifférents. Ils sont partout : livres, jeux (peluches, figurines, lotos), sorties (ferme, zoo). Faites le signe des animaux dont vous parlez et de ceux qui intéressent votre enfant.

Signez aussi les animaux des chansons incontournables : *Mon petit lapin s'est caché dans le jardin, Rock'n' roll des gallinacés, Les petits poissons dans l'eau...*

Imitez la démarche des animaux et leurs cris. Votre enfant sera ravi de vous imiter et il exercera sa motricité en jouant.

À partir de 2 ans environ, vous pouvez classer les animaux par catégories : jouez à chercher et à imiter les animaux par catégories : avec des poils, des plumes, des écailles...

25

le chat

Voici une petite comptine pour s'amuser à faire le chat, à mimer, à signer et à jouer avec sa voix.

Moustache

▸ **signe moustache du chat à droite**

Moustachu

▸ **signe moustache à gauche**

Voici le ***chat***

Griffa

▸ **avancez la main droite, les doigts en crochets comme des griffes**

Griffu

▸ **avancez la main gauche**

Griffes, sortez !

▸ **montrez les deux paumes pour mimer le chat qui menace en sortant ses griffes**

Griffes, rentrez !

▸ refermez les mains en poing en les ramenant vers le corps

Pattes de velours

▸ faites une caresse sur une main

Chat ! ***Dormez*** !

▸ signes ou poings fermés et rapprochés, sur le côté, tête posée dessus

26

un ouistiti dans la forêt

Voici une chanson pour bouger et signer en même temps, tout en misant sur l'expressivité de tout le corps.

*Dans la **forêt**, un ouistiti*

▸ **debout, signez forêt et singe***

Tout petit, tout petit, tout petit

***Se baladait** de-ci de-là*

▸ **balancez-vous de droite à gauche et signez promener**

Hop là, hop là, hop là

▸ **sautez**

*Un grand serpent**

▸ **signez serpent* au niveau du sol**

Vint en rampant

▸ **faites-le avancer vers l'enfant**

Pan, pan, pan, pan

▸ **accélérez le mouvement**

Le ouistiti, il est parti

▸ **signez singe***

Tant pis, tant pis.

▸ **haussez les épaules et prenez un air dépité**

* Singe : les mains viennent gratter les aisselles.

* Serpent : faites un V avec l'index et le majeur.
Il avance comme un serpent.

27

p'tit lapin plein de poils

Par les jeux et chansons, mettez-vous dans la peau des animaux. Cela aide l'enfant à prendre conscience de son propre schéma corporel et des premières notions d'espace, qui se construisent d'abord par rapport à soi. Cette chanson est aussi le prétexte à des papouilles et des chatouilles.

P'tit lapin plein d'poils
P'tit lapin plein d'poils
P'tit lapin plein d'poils partout

▸ **faites des gestes amples avec les deux mains**

Par-devant

▸ **montrez l'avant**

Par-derrière

▸ **montrez l'arrière**

Par-dessus

▸ **montrez en haut**

Par-dessous

▸ **montrez en bas**

P'tit lapin plein d'poils partout.

▸ **ouvrez grands les bras de chaque côté**

Vous pouvez varier avec d'autres animaux : chat, chien, etc. Essayez aussi les oiseaux pleins de plumes, les poissons pleins d'écailles, les moutons pleins de laine...

La nature

soleil

chaud

fleur

herbe

neige

froid

nuage

lune

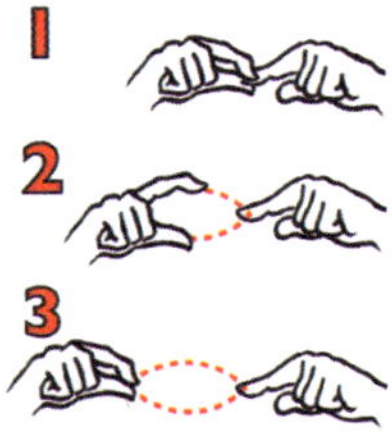

feuille

vent

arbre

pluie

28

le petit jardinier

Petit jeu avec la main sur le thème du printemps.

Voici mon petit jardin

▸ **montrez à votre enfant la paume de sa main et signez jardin**

J'y ai semé des graines

▸ **tapotez la paume du bout des doigts**

Je les recouvre de terre noire

▸ **fermez la main**

Voici la bonne et douce ***pluie***

▸ **signez ou tapotez le dos de la main fermée avec les doigts**

Le ***soleil*** *brille dans le ciel !*

Et voici une, deux, trois, quatre, cinq petites ***fleurs***

▸ **dépliez les doigts l'un après l'autre...**

29

soleil, soleil !

Quand les beaux jours arrivent, faites le calme en vous et sentez l'énergie solaire pénétrer votre peau. Invitez votre enfant à se détendre et à sentir la chaleur l'envelopper. Partagez vos impressions, absorbez cette énergie bienfaisante.

Sur l'air de *Passez pompon les carillons, les portes sont ouvertes*

***Soleil**, là-haut*
***Soleil** tout chaud*
*Je sors pour aller **jouer** !*
Lunettes sur l'nez
▸ **mimez lunettes**
*Un p'tit chapeau**
J'penserai à boire de l'eau.

* Chapeau : la main plate tape deux fois sur le haut de la tête.

30

faire pousser des graines

Des petites graines qui se transforment, n'est-ce pas magique ? Les petits adorent observer le cycle de la vie et prendre soin des plantes.
Ensemble, plantez des marrons, des glands, des graines de fleurs récupérées lors de vos promenades.
Vous pouvez mettre à raciner dans un bocal transparent un noyau d'avocat, une pomme de terre ou un bulbe de jacinthe.

On peut aussi faire germer des graines pour les manger. C'est amusant et c'est bon pour la santé ! Essayez les lentilles et le tournesol germé (ne pas attendre que la tige fibreuse soit trop longue), les graines d'alfalfa (luzerne), de basilic, de roquette, de brocoli. Accommodez-les en salade, bien sûr, mais aussi en pâte à tartiner, en omelette, en purée ou pour décorer une assiette.

31

du blé dans la maison

Procurez-vous un pot ou une boîte à œufs alvéolée en plastique qui peut être refermée comme une petite serre, des grains de blé (non traités) et du coton hydrophile.
Placez du coton dans le pot, et les graines que vous aurez fait tremper quelques heures auparavant dans l'eau pour réveiller la germination.
Mouillez légèrement et posez une petite épaisseur de coton comme une couverture.
Chaque jour, enlevez la couverture et arrosez de quelques gouttes ou utilisez un mini vaporisateur ou un compte-gouttes.
Observez les racines puis les tiges et les feuilles qui apparaissent, enlevez la couverture quand les pousses sont belles.

32

balade d'automne

Équipez-vous et redécouvrez avec votre enfant les plaisirs de la nature à l'arrière-saison. Rassemblez un tas de feuilles mortes, lancez-les, sautez, laissez-vous ensevelir.
Suivez des yeux les feuilles, les fruits de l'érable qui tourbillonnent en tombant.

Soyez attentif aux sons, aux odeurs, à la forme et à la texture des feuilles, cherchez les couleurs et comparez les tailles. Collectez pommes de pin, glands, marrons, baies et petits fruits, écorces, mousses, pétales de fleurs automnales, cailloux, plumes et autres trésors.

C'est l'occasion de s'initier au *land art*. Créez des œuvres d'art éphémères : petits chemins de cailloux, dégradés de couleurs de feuilles, mandalas, tas de galets, compositions de créatures imaginaires.

33

bonjour Soleil, bonne nuit Lune

Voilà une jolie comptine pour saluer le soleil ou la lune, pour se dire bonjour au réveil ou se souhaiter bonne nuit.

***Bonjour**, monsieur le **Soleil**,*
Que faites-vous donc là ?
*Je fais mûrir des cerises**
Pour tous ces enfants-là.

▸ **montrez devant vous comme s'il y avait des enfants**

***Bonne nuit**, madame la **Lune**,*
Que faites-vous donc là ?
*Je fais mûrir des **fraises***
Pour tous ces enfants-là.

* Cerises : index et majeur en V viennent au-dessus de l'oreille, comme les « boucles d'oreilles » en cerises.

34

vive la pluie

Enfilez des bottes et un ciré et saisissez l'aubaine d'une belle pluie pour sortir avec votre enfant. Ensemble, écoutez vos sens et observez les transformations de l'environnement.

Invitez votre enfant à sentir la pluie sur son visage, à la goûter, à toucher l'herbe mouillée, les fleurs, les arbres. Écoutez le bruit des gouttes sur différents objets (pot vide, plaque de métal, plastique, bois, étendue d'eau...).

Laissez l'enfant agir comme un scientifique en herbe et régalez-vous de le voir jouer dans les flaques, mesurer la hauteur d'eau, troubler l'eau, faire de la boue, toucher les différentes consistances, jeter des cailloux, planter des bâtons et faire flotter des feuilles et de l'herbe.

35

comptines pour les jours de pluie

Vous connaissez probablement des chansons comme *Il pleut bergère* ou *Il pleut, il mouille, c'est la fête à la grenouille* ou encore *Tombe, tombe la pluie.*

Nous vous proposons ici un poème et une chansonnette qui sont de véritables invitations à signer.

La ***pluie*** *sur mon cou*

▸ **faites le signe qui descend dans le cou**

C'est doux, c'est doux

▸ **caresse, sourire de plaisir**

La ***pluie*** *sur mon front*

▸ **faites le signe qui descend sur le front**

J'aime, ***j'aime*** *!*

La pluie sur mes doigts

▸ **faites le signe qui descend sur les doigts**

C'est ***froid****, c'est froid.*

Petit ***escargot***

Porte sur son dos

▸ **tapez en haut du dos**

Sa maisonnette

▸ **signe maison**

Aussitôt qu'il pleut

▸ **signe pluie**

Il est tout heureux

▸ **signe content**

Il sort sa tête

▸ **mimez la coquille d'une main et faites apparaître l'escargot comme s'il sortait de sa coquille en agitant l'index et l'auriculaire.**

36

vent

Profitez d'une journée venteuse pour entrer en contact avec les forces de la nature. Décrivez ce que vous voyez : les arbres qui bougent, les feuilles qui tombent, les mobiles ou les manches à air que vous avez installés dehors et qui ondulent.
Mettez des mots sur ce que vous sentez : le vent sur le visage, les odeurs qui voyagent.
Encouragez votre enfant à formuler ses observations et ses émotions. Enfilez des vêtements un peu trop grands ou amples pour prendre le vent.

Faites comme si vous vous envoliez et entonnez une chanson de circonstance comme *Vive le vent*.

Vent *frais,* **vent** *du matin*
Vent *qui souffle aux sommets des grands pins*
Joie du **vent** *qui souffle*
Allons dans le grand
Vent *frais, vent du matin...*

37

il neige !

Les premières neiges sont toujours un événement extraordinaire pour un enfant. Prêtez l'oreille, écoutez le silence, distinguez les sons étouffés, le crissement de la neige sous vos pas.

Regardez comme la lumière change, le paysage scintille. Observez votre enfant goûter la neige, la regarder fondre, l'amasser pour faire des boules

Accompagnez votre petit explorateur, laissez-le toucher la glace, essayer de la briser.
S'il fait vraiment très froid, profitez-en pour faire des bulles de savon : vous les verrez geler et se transformer en boules de cristal givrées.

Sur l'air de *Un éléphant, ça trompe énormément.*

Quand c'est l'hiver
Il ***neige***
Il ***neige***
Quand c'est l'hiver
Il ***neige*** *énormément.*

Improvisez sur l'air de *Il était une bergère.*

Il ***neige****, il* ***neige****, il* ***neige***
Et ron et ron des flocons tout ronds…

… à vous !

38

un mobile de glace

Fabriquez un mobile original avec votre enfant.

Le matériel

- de la ficelle ;
- des petits contenants, de préférence plus larges que hauts : assiettes de dînette, petits pots de glace...
- de l'eau ;
- des éléments glanés dans la nature : une petite pomme de pin, des feuilles colorées, de l'herbe, des baies, des pétales, des graines, des brindilles, des petits cailloux...

La fabrication

- Répartissez les petits trésors glanés dans trois récipients plats et posez une ficelle qui les traverse tous.
- Remplissez d'eau, veillez à ce que tout soit bien immergé.
- Laissez dehors par temps très froid jusqu'à obtenir une guirlande de glaçons.
- Démoulez, nouez la ficelle, suspendez vos œuvres et admirez !

L'éveil des sens

Les cinq sens sont présents dès la vie intra-utérine. Lorsque le bébé arrive au monde, certains sens – en particulier le toucher, le goût et l'odorat – sont souvent un peu délaissés.
Avec votre enfant, gardez vos sens en éveil, dans les jeux et au quotidien.
Plutôt que de connaître tous les signes relatifs aux sens, laissez

place à votre spontanéité, à la parole de votre corps. Vous trouverez ou vous approcherez les signes LSF.

Par exemple, votre index va pointer la partie du corps qui ressent : l'oreille pour « écouter/entendre », les yeux pour « voir/regarder », le nez pour « sentir », la peau pour « toucher », la bouche ou la langue pour « goûter ». Mimez avec vos mains ce qui colle, ce qui pique, ce qui est mou ou dur...

39

la couverture de survie

Peu coûteuse, la couverture de survie, grand film avec une face dorée et une autre argentée, se trouve facilement – notamment dans les magasins de sport ou d'équipement automobile – et peut être un objet très ludique.

Étendez la couverture au sol et laissez votre enfant y bouger. Chaque mouvement provoque un bruit qui lui donne envie d'exercer activement sa motricité. Bébé s'amuse alors à tenter et à retenter certains mouvements, déjà maîtrisés ou nouveaux, dont il guettera le son. Cela pourra intéresser de manière particulière certains enfants (par exemple dans le cas de retard moteur ou de cécité).

Cette couverture offre une multitude de possibilités : faire du bruit chacun à son tour, tout doucement ou bruyamment, la chiffonner, rouler dessus, marcher dessus lentement ou plus vite (attention aux glissades selon le sol) ou l'utiliser pour des jeux classiques de coucou-caché. Inventez, laissez votre créativité et celle de l'enfant s'exprimer.

Vous pourriez aussi être étonné par l'effet paradoxalement calmant de cette couverture sonore chez certains bébés.

Certains enfants peuvent être, au début, impressionnés par le bruit de la couverture et/ou son effet brillant. Si c'est le cas, ne le brusquez pas. Prenez le temps de lui expliquer, de le laisser manipuler à son rythme, de l'apprivoiser. Jouez vous-même avec la couverture pour la « démystifier ».

Ce type de support n'étant pas conçu pour les enfants, ne le laissez pas à disposition, et proposez-le à votre tout-petit uniquement lorsque vous êtes présent.

40

jeux sonores à fabriquer

Transformez les objets du quotidien en instruments à secouer, frapper, frotter, gratter, bouger doucement. Vous pouvez facilement créer toute une gamme d'instruments de musique uniques.

- Dans un tube en carton solide (type rouleau de film étirable ou de papier de cuisine), versez du riz, du sable ou des haricots secs. Puis fermez les deux extrémités avec du ruban adhésif solide. Décorez, secouez, c'est prêt !

- Pour une batterie improvisée, rassemblez des boîtes en carton, en plastique, en fer et des cuillères en bois.

- Une gaine électrique de récupération fera office de guiro, à frotter avec un petit bâton.

• Avec des grelots à pince attachés aux manches ou aux chaussettes, bébé pourra produire des sons en bougeant bras ou jambes.

Rangez le tout dans une caisse dédiée aux instruments à laquelle votre enfant aura accès facilement.

41

les bébés ont du flair

L'odorat des bébés, très fin, est essentiel dans le processus d'attachement, pour la survie du petit d'homme. Saisissez les occasions de la vie quotidienne pour détecter et commenter les odeurs qui vous entourent : aliments, boissons, produits pour le bain, parfum, odeur du doudou, des fleurs du jardin, de l'herbe mouillée, de la mousse...

Au jardin des senteurs

Visitez – ou mieux, cultivez ! – un jardin de plantes aromatiques.
Bouturez, échangez, plantez ou collectez différentes plantes : anis, basilic, camomille, ciboulette,

citronnelle, coriandre, estragon, fenouil, laurier, lavande, marjolaine, mélisse, menthe, persil, romarin, sauge, serpolet, fleurs de sureau, tilleul, thym, verveine…

Confectionnez des petites étiquettes illustrées, si vous le souhaitez.

Nommez, humez, comparez les odeurs et les textures.

Régalez vos sens… puis vos papilles.

42

saveurs et jeux de goût

Faites découvrir à votre enfant toute la palette des saveurs en lui proposant une belle variété d'aliments.

- Le sucré : confiture, miel, crème de marron...
- Le salé : fromage, pâté, jambon...
- L'acide : cornichon, citron, pomme verte...
- L'amer : pamplemousse, endive, cacao, chocolat noir amer...

Aux repas, laissez-le prendre ce qui est sur la table, le toucher, l'observer, le sentir. Les aliments et leurs saveurs se découvrent aussi avec les mains, le nez et les yeux.

Puis regardez-le porter à la bouche et parlez avec lui des sensations : est-ce doux, piquant, collant, dur, mou ? Est-ce qu'il aime ?

Jouez à goûter

Quand l'enfant grandit, demandez-lui de reconnaître ce qu'il a goûté, les yeux cachés avec un foulard. Puis c'est à lui de vous faire jouer !

43

les tissus à saisir

La préhension volontaire de l'enfant se développe progressivement. Vers 3 mois, il commence à diriger son geste, d'abord de façon globale, puis de plus en plus précisément.

Votre enfant pourra s'amuser très tôt à saisir et à manipuler des bouts de tissus. Leurs plis et leur forme malléable en font des objets aisés à prendre en main.

Dans un magasin de tissus – ou même au grenier –, vous trouverez facilement des coupons ou des échantillons, avec de multiples couleurs, motifs, textures.

Découpez des carrés de 15 cm sur 15 cm au minimum et cousez un ourlet tout autour. Vous pouvez placer entre deux carrés d'autres éléments : un ballon de baudruche peu gonflé, des grains de riz, des graines, des grelots... Cousez solidement les deux carrés bord à bord.

Laissez ces petits carrés et coussins tactiles proches de votre enfant, autour de lui, sur son tapis d'éveil. Vous pouvez aussi faire des jeux de cache-cache et lui proposer de les attraper.

44

les collections à toucher

Confectionnez des collections à toucher avec des objets divers et variés, pour une richesse de matières et de textures : lourd, léger, lisse, rugueux, rêche, gros, petit...

Dans une boîte ou un sac, placez des objets de matières différentes : végétal, minéral, plastique, bois, verre, carton, papier. Les carrés de tissus de l'activité 43 y trouveront aussi leur place.

Réalisez un patchwork en cousant ensemble des tissus variés : velours, soie, organza, chatoyants, neutres, motifs en reliefs, broderies.

Fabriquez un livre où chaque page sera d'une matière différente. Coupez des carrés de mêmes dimensions pour chaque support, percez-les de deux trous sur un côté, assemblez-les avec des ficelles ou des rubans. Quelques idées : plastique à bulles, carton ondulé, filet plastique, poils longs ou courts, jute, papier de verre, feutrine, tissus.

45

réveillez les pieds !

Dès que possible et le plus souvent possible, offrez à votre enfant la chance d'être pieds nus. C'est bon pour l'équilibre, pour la musculature du pied et de la voûte plantaire. Les chaussures ont une utilité à partir de la marche, uniquement pour protéger des intempéries, et du sol éventuellement.

Marcher pieds nus peut se faire sur presque tous les supports : parquet, carrelage, herbe, sable, cailloux, plumes, éponges, matelas, tapis.

Le parcours de « réveil des pieds »

- Sur des carrés en bois (30 cm x 30 cm) ou du carton rigide, collez graines, paillasson, faux gazon, cordes, filet de plastique, papier de verre, papier à bulles, bouchons, petits galets.

- Vous pouvez recouvrir entièrement ou seulement partiellement les carrés de bois (pourquoi pas en forme de spirale, de rond, etc).

Sous votre regard attentif et bienveillant, votre tout-petit va expérimenter avec beaucoup de plaisir et de surprise de nouvelles sensations !

46

jeux de bascule

Voici quelques jeux chantés qui entraînent le corps dans des mouvements droite-gauche, avant-arrière ou haut-bas et se terminent par une renverse et/ou un envol.

Vous êtes allongé au sol, jambes repliées ;
votre bébé est posé sur votre ventre, son dos calé contre vos cuisses.
Basculez doucement vos jambes d'avant en arrière jusqu'à la fin de la chanson.
À la dernière phrase, bébé se retrouve allongé sur vos jambes.
Pour un petit effet de surprise, basculez avec lui !

Bateau sur l'eau
La rivière, la rivière
Bateau sur l'eau
La rivière coule à flot
Le bateau a chaviré
Tous les enfants sont tombés
Dans l'eau
Plouf !

Scions, scions, scions du bois
Pour la mère, pour la mère
Scions, scions, scions du bois
Pour la mère de Nicolas
Qu'a cassé ses sabots en mille morceaux
You !

47

sauteuses

Un enfant qui tient bien assis peut être installé à califourchon sur vos genoux, face à vous. En fonction de ses capacités à se stabiliser, formez une sorte de petite barrière dans son dos avec vos mains en lui laissant un peu d'espace, ou tenez-lui juste les mains.

À cheval gendarme
À pied bourguignon
Allons en Champagne
Les raisins sont bons
Patapon patapon.

▸ **faites-le sauter sur les genoux, et accélérez le rythme sur patapon**

À cheval sur mon bidet

▸ **il saute tranquillement**

Quand il trotte, il fait des pets

Au pas, au pas

▸ **il saute à l'allure du pas**

Au trot, au trot, au trot

▸ **allure du trot**

Au galop, au galop, au galop

▸ **allure du galop**

You !

▸ **écartez les genoux pour que l'enfant tombe, en le retenant bien sûr au dernier moment avant que ses fesses touchent le sol.**

48

la baleine qui tourne, qui vire

Votre enfant est sur vos genoux. Faites bouger vos jambes pour imiter le mouvement des vagues. Vous pouvez aussi ajouter le balancement du corps entier. La chanson se termine par la chute des navires : faites basculer votre enfant en arrière, ou sur le côté, ou entre vos jambes...

C'est la baleine
Qui tourne, qui vire
Autour de cinq petits navires
Elle a tant tourné, tant viré
Que les navires ont chaviré
... Plouf !

Au-delà du plaisir des mots et du rythme, ces jeux permettent d'expérimenter les sensations de déséquilibre, de perte de contrôle, tout en sachant que cela finit bien. Peu à peu, votre enfant mémorisera le déroulement, mesurant ainsi le temps qui reste avant la fin, anticipant le plaisir.

49

dans les airs

• Allongez-vous sur le dos, jambes repliées, le ventre de bébé vient reposer sur vos tibias.

• Sa tête est orientée vers vous, vous le soutenez sous les aisselles et le faites monter et descendre en le regardant, tout en lui parlant ou en lui chantant une comptine.

• Faire « s'envoler » l'enfant en le faisant monter en l'air ou au-dessus de votre tête est une variante des jeux dans lesquels on le fait sauter.
Dans ce type de jeu, l'enfant attend impatiemment la fin. Il affronte la peur de tomber tout en sachant que l'adulte le protégera.

À la une, dans la lune
À la deux, dans les cieux
À la trois dans mes bras.

Ne jouez pas à ce jeu trop tôt, trop fort, ni trop souvent. Fiez-vous à votre intuition et observez bébé. Rappelez-vous qu'un bébé ne doit jamais être secoué.

Massage & bien-être

Pourquoi masser ?

Masser est une merveilleuse façon d'entrer en relation avec votre enfant, d'avoir une communication interactive et de nourrir le lien précieux entre vous. Le contact physique le rassure, il se sent aimé et valorisé.

Le massage permet également d'améliorer la circulation

sanguine. Il renforce le système immunitaire, tonifie les muscles et mobilise les articulations.

Il permet à l'enfant de découvrir les limites corporelles et développe sa sensorialité.
C'est enfin l'occasion de renforcer votre attention au langage non verbal du bébé et de mesurer vos gestes.

Quand, où et comment masser bébé ?

Choisissez un moment de la journée où vous êtes tous

les deux disponibles et réceptifs. En général, le temps après le bain est particulièrement apprécié, car le corps de bébé est chaud et détendu. Le massage avec une huile va permettre d'hydrater sa peau. Ayez votre matériel à portée de main et assurez-vous de ne pas être dérangé.

Installez-vous dans un endroit calme, suffisamment chauffé si bébé est nu, et veillez à ce que la lumière soit tamisée.

Allongez bébé sur une serviette-éponge douce et moelleuse posée sur une surface ferme. Si vous vous installez au sol, bébé ne risquera pas de rouler et tomber.
Vous pouvez prévoir une musique douce.
La pression du toucher dépend de l'âge de votre bébé, adaptez vos gestes et la durée du massage aux réactions de votre enfant.

Règles d'or

1. Soyez tous les deux prêts pour un massage. Retirez vos bijoux et vérifiez que vos ongles sont assez courts et n'accrochent pas.

2. Soyez sûr que votre enfant n'a pas des besoins pressants à satisfaire : faim, soif, besoin d'élimination, de changer la couche, de mouvement, de sommeil...

3. Demandez toujours l'accord de votre enfant avant de commencer.

Pendant tout le temps de massage, soyez attentif à ses réactions (agitation, décrochage, appréhension...). N'insistez pas si votre bébé proteste.

4. Si vous vous interrompez, gardez toujours une main en contact avec le corps du bébé.

5. Rappelez-vous qu'un massage du ventre se fait toujours dans le sens des aiguilles d'une montre. C'est le sens que prennent les aliments dans le côlon.

50

détente avant le massage

Soyez vous-même détendu avant de commencer. Si besoin, prenez un petit temps pour vous recentrer : asseyez-vous, croisez les mains sur votre cœur, fermez les yeux, inspirez profondément et expirez lentement. Mettez-vous dans un état de paix intérieure. Il vous sera plus facile d'être attentif à vos gestes et à l'écoute des réactions de votre bébé.

Profitez-en pour étirer, assouplir, échauffer vos épaules, votre cou, vos bras et vos poignets. Frottez vos mains et secouez-les.

Adoptez une position confortable qui vous permette de garder le dos droit quand vous vous penchez vers bébé.
Regardez votre bébé dans les yeux, souriez-lui, chantez, parlez, respirez profondément et savourez la connexion !

51

le massage du visage

Vous êtes au sol, face à votre enfant allongé. Avec les pouces, dessinez trois lignes sur son visage.

- D'abord, placez les pouces en haut du nez, entre les sourcils, puis faites-les glisser jusqu'aux tempes, en passant en arrondi au-dessus des sourcils.

- Ensuite, tracez une ligne douce des ailes du nez jusqu'aux tempes.

- Enfin, dessinez une dernière ligne allant du menton jusqu'aux tempes. Aux tempes, les pouces tournent légèrement.

Chaque ligne peut être recommencée plusieurs fois avant de passer à la suivante. Replacez vos pouces un par un au départ, pour garder le contact tactile.

Terminez par un mouvement plus global : vos pouces, sur toute leur longueur, glissent du haut du front jusqu'au bas du visage, en deux lignes droites parallèles qui passent sur les paupières.

52

le bracelet indien

Au sol, face à votre enfant qui est allongé (ou assis), placez vos mains en anneaux, ou en O, autour de son bras.

• Vos deux mains se touchent et tournent simultanément autour du bras, en sens inverse l'une de l'autre. La rotation se fait en « allers-retours ». Vos mains descendent progressivement sur le bras de votre enfant, jusqu'à sa main.

• Vos mains doivent parfaitement glisser sur la peau de votre enfant. Au besoin, allégez votre pression ou ajoutez de l'huile sur vos mains et sa peau.

Lorsque vous avez terminé de masser complètement le premier bras (bras et mains éventuellement), procédez de la même façon pour le second.

53

masser les mains

Votre enfant est allongé ou assis face à vous, son bras est fléchi.

- Placez sa main dans la vôtre, paume tournée vers le ciel.

- Avec le pouce de votre autre main, dessinez de petits cercles dans sa paume.

- Puis, lissez tour à tour chacun de ses doigts en les tenant entre votre pouce et votre index. Vous pouvez recommencer plusieurs fois et en profiter pour raconter une comptine avec les doigts (voir activités 5, 14, 23, 82, 83).

• Enfin, terminez par un lissage complet de la main : votre paume glisse sur la sienne jusqu'au bout de ses doigts. C'est un mouvement unifiant très agréable.

Comme toujours, procédez de la même façon pour l'autre main. Massez bien les deux membres pour la sensation d'équilibre du corps.

54

masser l'avant du corps

Votre enfant est allongé sur le dos, vous êtes face à lui.

- Vos mains sont paume contre paume, la tranche des mains sur le sternum, pouces vers le haut.

- Vos mains se séparent doucement en glissant sur les côtes et sur les flancs, les paumes se retrouvent contre la peau de l'enfant. C'est comme lisser les pages d'un livre ouvert. Vous pouvez recommencer ce mouvement plusieurs fois.

• Placez ensuite vos mains au niveau du bassin de l'enfant, une de chaque côté. Elles remontent en parallèle, le long de deux lignes imaginaires, jusqu'aux épaules et s'enroulent autour des épaules, avant de recommencer.

• Enfin, vos mains dessinent des lignes croisées, à tour de rôle. Votre main droite glisse du bassin en diagonale jusqu'à l'épaule opposée (son épaule droite, à gauche pour vous) et inversement pour l'autre main.

55

masser les jambes

• Vous êtes face à votre enfant. Prenez ses pieds dans votre paume, un doigt entre les chevilles.

• Votre avant-bras, avec une légère rotation, lisse les deux jambes ensemble, de haut en bas.

• Pour la suite, faites les mouvements sur une seule jambe, puis sur l'autre.

• Vos mains se placent sous une jambe, comme une corbeille. La jambe est de préférence fléchie. Les pouces sont vers le haut et libres de dessiner des ronds, simultanément, du haut vers le bas de la jambe.

- Lorsque vous arrivez à la rotule et aux malléoles, dessinez de larges ronds autour, avec les deux pouces.

- Reprenez ensuite le même mouvement que pour le bras (voir activité 52). Vos mains partent alors du haut de la cuisse pour arriver à la cheville.

56

en avant les gambettes !

Bébé est allongé sur le dos.

Prenez ses chevilles à pleines mains : pliez une jambe en remontant le genou sur l'abdomen, puis étirez-la. Répétez le mouvement avec l'autre jambe. Refaites ce mouvement trois fois de chaque côté.

Impulsez des mouvements de pédalage en chantant :

À vélo
À véli, véli, vélo
À vélocyclette
À véli, véli, vélo
À vélocyclo.
À véli, véli, vélo

À vélocipède
À véli, véli, vélo
À vélomoto.

Pour terminer et étirer le bas du dos de votre bébé, remontez les deux genoux, maintenez la position quelques secondes, étirez doucement les deux jambes, groupez les genoux et basculez doucement à droite, puis à gauche pour détendre.

Ce massage est très bon pour la digestion et l'expulsion des gaz.

57

masser les pieds

Ces mouvements reprennent ceux du massage des mains (voir activité 53).

- Vous êtes face à votre enfant. L'un de ses pieds est maintenu délicatement dans une de vos mains. Sa jambe peut être fléchie.
- Avec le pouce de votre autre main, dessinez progressivement des petits cercles sur toute sa plante de pied.
- Puis lissez chacun de ses orteils entre votre pouce et votre index, à plusieurs reprises.
- Enfin, terminez en lissant votre paume contre sa plante de pied. Puis changez de pied.

58

câlin et massage du dos

Vous êtes assis au sol, votre enfant sur vos genoux, l'un contre l'autre, ventre contre ventre. Faites chaque mouvement plusieurs fois avant de passer au suivant.

- Collez votre index et votre majeur, main droite et main gauche.
- Posez ces deux doigts de chaque côté de la colonne vertébrale de votre enfant, en haut de son dos.
- Dessinez de petites boucles (vers l'intérieur du dos) qui descendent progressivement le long de la colonne.
- Ensuite, posez vos mains à plat, de chaque côté de votre enfant, en haut du dos. Faites ce geste en croisant vos bras pour un mouvement très englobant.

- Vos mains glissent sur la peau de votre enfant et se décroisent, s'arrêtant sur les flancs. Puis, en les soulevant, vous replacez vos mains un peu plus bas, croisées. Recommencez jusqu'à arriver en bas du dos.
- Pour finir, une main est sous les fesses pendant que l'autre glisse sur le dos, de la nuque vers les fesses.

59

l'araignée Gipsy

Voici des jeux-massages qui se chantent ou se racontent.
Votre enfant allongé sur le ventre ou assis, enchaînez les mouvements indiqués.

L'araignée Gipsy monte à la gouttière.

▸ **remontez de chaque côté de la colonne vertébrale en déplaçant les doigts des deux mains à la manière d'une araignée qui déploie ses pattes**

Tiens voilà la pluie ! Gipsy tombe par terre.

▸ **redescendez en tapotant du bout des doigts pour figurer les gouttes d'eau qui s'abattent**

Mais le soleil a chassé la pluie.

▸ **remontez en faisant des grands cercles vers l'extérieur.**

Terminez en gardant une main tendre et protectrice en haut sur la nuque, pendant que l'autre « lisse » le dos en parcourant la colonne vers le bas comme pour en chasser l'énergie usée.

Recommencez à la demande.

60

la pizza

Ce massage très relaxant est aussi une occasion de parler et de s'amuser ensemble !

Pour faire une bonne pizza, il nous faut :

de la farine,

▸ **étalez votre paume sur toute la surface du dos**

de la levure,

▸ **saupoudrez**

du sel,

▸ **les doigts joints s'écartent dans des directions opposées**

et de l'eau.

▸ **zigzags avec le pouce**

On mélange,

▸ **mouvements circulaires avec les deux mains**

on pétrit,

▸ **malaxez un peu plus fort**

Massage & bien-être

on fait une boule,

▸ **rassemblez la pâte fictive vers le centre du dos**

on étale au rouleau,

▸ **glissez avec les deux mains dans des directions opposées**

on met les ingrédients,

▸ **demandez à l'enfant ce qu'il aimerait y mettre et improvisez vos gestes pour la sauce tomate, les olives, le jambon, les brocolis, le fromage et pourquoi pas le chocolat, la banane...**

on enfourne !

▸ **avec les deux mains, lissez le dos dans le sens de la longueur.**

61

petit ours

Une histoire pour accompagner un massage du dos, à se faire chacun son tour, en famille.

Il était une fois, une belle journée d'hiver. Tout était recouvert de neige blanche et scintillante.

▸ **dessinez avec chaque main des cercles, des bords du dos vers le centre, couvrir ainsi toute la surface**

Un petit ours sortit de sa tanière et se promena un peu.

▸ **poing fermé, partez du bas du dos et remontez de chaque côté de la colonne, en posant lourdement une main à la fois, en déployant le poignet**

Puis il chaussa ses patins et se lança sur le lac gelé.

▸ **partez du bas du dos, la tranche des mains fait des mouvements asymétriques en remontant de chaque côté de la colonne**

Il faisait des figures acrobatiques, des tourbillons, des petits sauts.

▸ **dessinez des 8 dans tous les sens avec le plat de la main**

Il s'imaginait papillon.

▸ **partez de la hanche et montez vers l'épaule opposée, enveloppez l'épaule par un mouvement croisé, une main après l'autre**

Et rêvait qu'il volait.

▸ **tapotez doucement les trapèzes avec le plat de la paume**

Sa maman/son papa se réjouissait de le voir s'amuser ainsi et son amour grandissait, grandissait...

▸ **dessinez depuis le bas du dos des cœurs de plus en plus grands avec les deux mains en partant vers l'extérieur**

Petit ours la/le rejoignit en riant et maman/papa ours épousseta les flocons tombés sur son petit ours.

▸ **époussetez des flocons imaginaires avec les deux mains en même temps en partant du haut du crâne, en descendant le long des bras, puis du dos**

Avant de l'embrasser très fort.

▸ **finissez avec un câlin enveloppant, doux et chaleureux.**

62

un massage qui roule

Avec une balle (lisse ou à picots), proposez à votre enfant un massage simple et rapide à mettre en œuvre. L'enfant garde ses vêtements et s'installe, allongé ou assis, selon son envie.

Promenez la balle sur son corps. Vous pouvez en profiter pour raconter une histoire. S'il est assez grand pour cela, votre enfant appréciera sûrement de faire rouler lui-même la balle sur son corps.

Il pourrait aussi aimer vous en faire profiter : à vous de vous installer confortablement à votre goût. Laissez-vous faire et appréciez !

C'est l'occasion pour lui d'expérimenter l'attention à l'autre, le respect mutuel, en passant par les sensations corporelles, la détente, pour lui et pour autrui.

63

massages courts

Les enfants qui commencent à se déplacer ont souvent envie d'exploiter leurs nouvelles capacités d'exploration. Ils sont alors moins enclins au massage ou préfèrent des temps plus courts. Ils peuvent aussi opter pour des allers-retours ou bien des positions différentes : assis plutôt qu'allongé ou à quatre pattes. Jouez alors sur la variété et explorez ensemble de nouvelles sensations.

Vous pouvez :

- effleurer, tapoter, pétrir, secouer, étirer, grattouiller, marteler, palper ;
- pincer, faire des petites pichenettes, des frictions, mettre les doigts en râteau ;
- tracer des zigzags, des petits cercles, des spirales, des lignes, des points ;
- moduler le rythme : lent, rapide, saccadé, doux, fluide ;
- masser de petites zones ou faire de grands mouvements amples en parcourant de grandes surfaces, relier deux zones opposées.

64

étirements en fin de massage

La fin du massage est propice à quelques étirements, en douceur, toujours dans le respect des articulations.

L'étirement des bras

Prenez délicatement les poignets de bébé et croisez ses bras. Sa main droite va vers son épaule gauche, dans le même temps, sa main gauche vers son épaule droite.
Puis c'est le tour d'un étirement en longueur. Chaque main s'éloigne sur le côté : la main droite vers la droite, la main gauche vers la gauche.

L'étirement des jambes

Saisissez les chevilles de bébé, remontez ses genoux sur sa poitrine et croisez ses pieds (son pied droit est vers sa fesse gauche et inversement).

Puis étirez ses jambes doucement. Tout cela pourrait bien le faire éclater de rire !

Vous pouvez aussi terminer par un peu de yoga (voir activité 67).

65

le hamac

Les enfants aiment être bercés et balancés. D'ailleurs, ils ont commencé leur vie ainsi : baignés dans le milieu intra-utérin, bercés par les mouvements de leur maman.

Posez une écharpe de portage au sol, un drap ou une couverture. Invitez votre enfant à s'y allonger. Un adulte se met à chaque extrémité du tissu, s'en saisit et le soulève légèrement. Votre enfant est ainsi dans un hamac, proche du sol.

Balancez-le doucement. Vous pouvez accompagner les mouvements d'une chanson douce. Observez votre enfant se détendre à sa façon et profiter -du balancement. S'il veut arrêter, respectez sa demande et reposez délicatement le hamac. Si vous êtes le seul adulte disponible, trouvez un point d'attache solide, comme un arbre.

66

le train

Installé sur un grand tissu, sur le dos ou assis, selon son équilibre et son développement, votre enfant est prêt pour glisser... et vous êtes la locomotive !

Tenez solidement le tissu à une extrémité et tirez doucement sans cesser de le regarder ou de lui parler – en particulier pour un très petit. C'est parti !
Vous pouvez en même temps imaginer une histoire de voyage : « Le train traverse la forêt. Mmm... le vent est doux sur le visage. Oh ! là-bas, un lapin ! »

Des irrégularités sur le sol (un tapis, de l'herbe...) peuvent être agréables par le « massage » qu'elles apportent.
Si l'enfant y est prêt, vous pouvez faire varier la vitesse de circulation : accélération, ralentissement, arrêt, changement de direction.

Terminez le voyage en douceur, jusqu'à l'arrêt total.

67

petite pause yoga

Pour la détente, faites quelques mouvements simples de yoga avec votre enfant.

Installez-vous sur un sol non glissant et agréable, les pieds nus, en tenue confortable. Veillez à votre posture et à votre respiration, votre enfant vous imitera au mieux. Respectez son rythme.

Le vol du papillon

Debout, les bras sont le long du corps. Ils s'ouvrent se lèvent, puis s'abaissent. Quand vous êtes à l'aise, levez-vous sur la pointe des pieds quand les bras se lèvent et posez vos pieds en les baissant.

L'étirement du chien

À quatre pattes, poussez sur vos pieds et amenez vos hanches vers le haut. Posez vos talons au sol et poussez sur vos mains. Relâchez tête et nuque. Revenez à quatre pattes.

68

petite pause respiration

Pour se ressourcer et se détendre, prenez le temps de respirer avec votre enfant. Il vous imitera à son rythme et avec ses capacités. Vous pouvez accompagner ce moment d'une petite histoire.

Le soleil : « Quand le **soleil** se lève, il fait le plein d'air et s'étire haut dans le ciel. »
Assis en tailleur ou à genoux, le dos droit, quand vous inspirez, vos mains partent d'en bas, se croisent, dessinent un cercle et arrivent en haut. Faites ce mouvement en même temps que l'inspiration. « Puis il se couche et va se reposer. » Alors que vous expirez lentement, abaissez vos bras en redessinant le cercle de part et d'autre de votre corps.

Le vent : Debout, les pieds nus bien à plat au sol. Utilisez le signe du vent. « Le **vent** est calme. » Signez et soufflez doucement. « Le vent souffle de plus en plus fort » : balancez-vous de plus en plus vite et soufflez de plus en plus fort. « La tempête est passée, la brise redevient légère. » Progressivement, vous soufflez tranquillement et votre balancement est léger.

Chantez les sons : Expirez tour à tour le plus longuement possible en chantant une voyelle : A, E, I, O, U. Vous font-elles le même effet ?

Berceuse hawaïenne : Chantez ALOHA, lentement, en allongeant chaque son pour le laisser vibrer au gré d'une mélodie douce que vous inventerez ou détournerez. Les sons O et A sont particulièrement apaisants.

À la découverte de mon corps

Respectez le rythme de votre bébé, ses périodes d'éveil et de repos. Favorisez sa liberté motrice par votre attitude et par l'aménagement des lieux. Prévoyez, par exemple, un grand tapis sur lequel il pourra développer sa motricité. Aménagez les lieux permet de lui conserver son champ d'action : rangez les bibelots fragiles, placez la barrière de sécurité de l'escalier à deux ou trois marches en bas... Habillez-le avec des vêtements qui n'entravent pas ses mouvements. Laissez-lui le temps de progresser : se retourner, ramper, se déplacer à quatre pattes, s'asseoir, etc.

Le temps passe vite. Laisser l'enfant grandir à son rythme, c'est lui permettre d'acquérir aisance et autonomie motrice et affective.

69

tagada, ou comment bouger en chanson

Je tape d'un doigt

▸ **montrez un doigt**

Tagada tagada

▸ **tapez le doigt au sol ou sur soi jusqu'à la fin du couplet**

Je tape d'un doigt

Tagada tagada

Je tape d'un doigt

Et nous tapons de deux !

▸ **montrez deux doigts et c'est reparti**

Je tape deux doigts

Tagada tagada

Je tape deux doigts

Tagada tagada

Je tape deux doigts,

Et nous tapons d'une fesse !

Je tape d'une fesse
Tagada tagada
Je tape d'une fesse
Tagada tagada
Je tape d'une fesse,
Et nous tapons des pieds !

Chaque couplet se termine sur la partie du corps suivante à taper : les mains, le pied, le nez, les fesses, la tête, etc.
Il s'agit plus de jouer avec le corps que de compter.
Amusez-vous à changer de vitesse : lent, rapide...
Arrêtez quand vous voulez.

70

la fourmi qui avait faim

Dès la naissance, créez une complicité avec votre bébé en lui apprenant des comptines rythmées. Celle-ci est facile à mimer et amusera votre enfant.

Une fourmi m'a piqué la main

▸ **votre index tapote le creux de votre main ou celle de l'enfant**

Oh ! la coquine, la coquine*
Une fourmi m'a piqué la main

▸ **de nouveau, tapotez la main**

Oh ! la coquine, elle avait faim.

▸ **mimez : la main tourne sur le ventre**

* Coquine : les mains sont ouvertes, les majeurs pliés, chacun tapote sous l'œil puis avance devant soi.

Poursuivez avec d'autres parties du corps (pied, nez, ventre…). Plus votre enfant grandit, plus il participe. Cette comptine peut être courte ou longue, selon l'intérêt de l'enfant et son énergie du moment.
Une idée : chanter en attendant le repas, pour s'amuser à « manger » et à nommer la faim.

71

variations au sol

Sur son tapis, au sol, dans un endroit adapté, votre enfant se consacre pleinement à ses manipulations et sa motricité.
Proposez-lui parfois de changer de sol pour qu'il expérimente des sensations différentes : plancher vibrant, parquet, moquette, tapis en mousse pour la gym, matelas gonflable. Pour ce dernier, restez bien à côté pour parer ou accompagner les éventuelles petites chutes. Vous pouvez le gonfler complètement ou le laisser mou. Par le mouvement du matelas, votre enfant aura un retour de chaque action qu'il fait.
Sur ces sols différents, les sensations tactiles mais aussi sonores seront diverses. Votre enfant pourra glisser facilement ou non, il pourra provoquer ou ressentir des vibrations, les appuis seront différents, les sons amplifiés ou atténués.

72

se tourner sur le ventre

Avant même de se retourner tout seul, votre enfant peut être acteur dans ce mouvement.

- Si vous devez modifier sa position (le prendre, le changer), prévenez-le et saisissez doucement sa jambe gauche, au-dessus de la cheville, avec votre main droite.
- Puis fléchissez sa jambe, ce qui fléchit aussi la hanche.
- Imprimez un mouvement de rotation vers son côté droit, jusqu'à ce qu'il soit sur le ventre, en lui laissant le temps de participer (avec son buste, son bras...) dans ce retournement en douceur et respectueux.

• Si besoin, aidez-le à dégager l'un de ses bras, ou les deux, de sous son buste : soutenez légèrement son buste, laissez-lui l'occasion de le faire lui-même, guidez tranquillement son mouvement si nécessaire. Faites le retournement aussi de l'autre côté.

73

se tourner du ventre sur le dos

En prévenant votre enfant, aidez-le à revenir sur le dos.

- D'abord, vous « effacez » son épaule : votre main droite entoure son épaule droite et amène le bras sous le buste, épaule et bras contre le sol. Pour continuer d'accompagner le mouvement, prenez la jambe gauche, avec votre main gauche, sous le genou.
- Amenez sa jambe en flexion, ce qui entraîne une flexion de hanche. Imprimez en douceur un mouvement de rotation vers sa gauche, jusqu'à ce qu'il se retrouve sur le dos.

Respectez toujours les articulations. Accompagnez tranquillement les mouvements et laissez à votre enfant le temps de sentir ce qui se passe. Sa participation sera de plus en plus active... jusqu'à ce qu'il y arrive seul. Pensez à lui proposer quand c'est nécessaire : habillage, change...
Pour faire de l'autre côté, inversez les indications ci-dessus.

74

allongé/assis

Bien qu'il soit conseillé d'installer un enfant uniquement dans des positions dans lesquelles il peut se mettre seul, cette position peut être bienvenue si votre enfant ne s'assoit pas encore : habillage, prendre dans les bras... Là encore, il peut être acteur.

- Votre bébé est allongé sur le dos. Prenez sa main gauche avec votre main droite. Votre main gauche maintient (doucement) sa hanche gauche pour la garder en contact avec le sol.
- Avec votre main droite, imprimez un mouvement de rotation du buste vers son côté droit afin qu'il prenne appui sur son épaule, puis tout le bras, le coude, la main. S'ajoute alors à la rotation un mouvement de semi-enroulement, jusqu'à arriver assis.

Selon son tonus, vous aiderez plus ou moins votre bébé : vous pouvez tenir au-dessus du poignet, soutenir davantage l'arrière des épaules ou le dos. Cela sera plus facile lorsqu'il tiendra bien sa tête. Très tôt (dès 3 ou 4 mois), vous sentirez sa participation active et tonique. Même s'il a besoin de soutien, l'enfant utilise déjà ses appuis et participe avec son corps tout entier.

- Veillez à bien le maintenir lorsqu'il arrive en position assise. L'intérêt n'est pas de l'asseoir mais de co-agir avec lui et de sentir les contacts et les appuis de son corps dans ce mouvement.

Pensez à le faire de chaque côté.

75

retour sur le dos

Utilisez le mouvement inverse de celui décrit précédemment.

Cela vous permet de ne pas poser votre enfant tel un paquet directement en position allongée. L'enroulement, la rotation du corps, la sensation des appuis et des contacts, le respect de son tonus et de ses articulations restent les points importants auxquels il faut veiller.

76

debout

Après les étapes du quatre-pattes et de la position assise, votre enfant voudra se mettre debout. Il est important qu'il trouve autour de lui des meubles stables sur lesquels il pourra prendre appui avec les mains : table basse, petit tabouret, gros coussins. Ces appuis bas lui laisseront la liberté de prendre appui sur les genoux et sur les pieds et ainsi de se redresser. Si vous l'aidez, offrez-lui vos mains en appui, à la hauteur de ses propres mains et retenez-vous de le tirer.

Marcher demande de bien tenir sur ses deux pieds : se mettre debout, se remettre au sol, faire quelques pas avec appuis. Aussi, quand votre enfant arrive tout juste à se redresser, il faut encore du temps avant qu'il marche.
Patienter est une bien meilleure option que « l'entraîner » à la marche, en lui tenant les bras, souvent en l'air.

77

les bottes de sept lieues

L'enfant qui maîtrise la station debout peut mettre ses pieds sur ceux de l'adulte, ses bras venant naturellement s'accrocher autour de vos genoux. Soulevez doucement vos pieds et avancez à petits pas en veillant à ce que ses pieds restent sur les vôtres.

L'enfant peut aussi se placer « face au monde », son dos contre vos tibias, en étant tenu par les mains ou sous les aisselles.
Variez la vitesse, la direction, racontez une histoire ou adaptez vos mouvements à une chanson comme celle-ci :

Il était une fermière
Qui allait au marché
Elle portait sur sa tête
Trois pommes dans un panier
Les pommes faisaient Rouli Roula **(bis)**
Stop !
Trois pas en avant
Trois pas en arrière
Trois pas sur l'côté
Trois pas d'l'autre côté.

78

l'acrobate

Osez les acrobaties !
Sur vos genoux : votre enfant se met debout, se penche sur les côtés ou en arrière, lève une jambe, lâche une main.
Cherchez différentes façons de se déplacer : sur deux pieds, à quatre pattes, à trois pattes, en avant, en arrière, de côté, sur le dos. La seule limite est celle de votre imagination !

Voici une chanson amusante pour votre petit équilibriste :

Polichinelle
Monte à l'échelle
Casse un barreau
Et tombe dans l'eau
Plouf !

• Face à face, tenez votre enfant par les mains. Il grimpe le long de votre corps, les jambes tendues.
• À la fin, faites-le redescendre en glissant et asseyez-le par terre.

Si votre enfant est plus petit, mais qu'il tient bien assis, vous pouvez le monter sur vos genoux ou à califourchon sur votre cheville. Faites-le monter par paliers et redescendez-le subitement à la fin.

79

danser

Avant de tenir debout, beaucoup d'enfants aiment danser. Un air de musique et les voilà qui se dandinent, tapent la mesure avec les pieds.

Mettez de la musique et dansez avec votre enfant dans les bras. Variez les styles et les rythmiques : tournez sur une valse, balancez-vous au son d'un violon, sautez sur du rock.

Quand votre enfant marche, donnez-lui la ou les mains et dansez ensemble : une ronde, une salsa...

Adaptez-vous à ses envies et à son équilibre.
Dansez côte à côte, face à face.
Votre enfant vous imitera certainement, mais il sera aussi ravi de vous voir l'imiter à votre tour.

Essayez la danse avec des foulards à faire virevolter ou alors déguisé : robes qui tournent, chaussures qui claquent.

80

tous les légumes

Bougez, mimez, signez. Bon appétit !

Tous les légumes

▸ **montrez devant vous des « spectateurs »**

Au clair de **lune**

Étaient en train de **s'amuser***, é !*

▸ **appuyez « é », et sautez en même temps, à chaque fois**

Ils **s'amusaient***, è !*

▸ **insistez de nouveau sur le son « è » et sautez**

Tant qu'ils pouvaient, è !

▸ **« è »**

Et les enfants les regardaient...

▸ **remplacez par les prénoms des personnes présentes, pointez les yeux.**

Les grains de ***riz*** *étaient tout petits*
Une pomme de terre ***sautait*** *en l'air !*
*Un morceau d'****pain*** *donnait la main*
Et les cerises faisaient la ***bise*** *!*

▸ **Mimez les actions et signez les mots clés.**

81

sauter

Entraînez-vous avec votre enfant à l'art du saut : décoller les pieds, aller en avant, atterrir avec assurance. Cela doit être une envie, un plaisir, y compris celui de dépasser une éventuelle crainte. Sautez vous-même ! Cela participe à l'envie et à la joie du moment.

Au quotidien, les occasions de sauter sont très nombreuses !
Sauter au-dessus d'un obstacle : branche, plaque d'égout, carreau, dessin au sol.
Sauter d'une hauteur : trottoir, muret, bord de la piscine, tronc d'arbre, marche d'escalier, descente de voiture.
Sauter en hauteur : sur un trampoline adapté, pour essayer d'attraper quelque chose (ballon, plafond, ciel...).

En cas de besoin, donnez-lui la main. Sinon, placez vos mains sur ses hanches.

Dosez votre intervention : sécurisez le saut tout en laissant votre enfant faire le plus possible lui-même.

82

jeux de doigts

Ces jeux invitent l'enfant à porter son attention sur ses sensations et stimulent le langage.
Jouez sur le rythme de la chanson, faites une pause entre les strophes, ralentissez ou accélérez au moment de la chute pour y mettre de l'intensité ou de la douceur.
Dépliez, repliez, attrapez, remuez, tournez, chatouillez, pincez, empoignez doigts, paumes et poignets, et sentez-vous libre de créer des variantes avec... les orteils !

Deux p'tits bonshommes

▸ **levez les pouces**

S'en vont au bois

▸ **les pouces se touchent**

Chercher des pommes

▸ **les index se touchent**

Et puis des noix

▸ **les majeurs se touchent**

Des champignons

▸ **les annulaires se touchent**

Et des marrons

▸ **les auriculaires se touchent**

Et puis ils rentrent à la maison.

▸ **serrez les doigts et formez un toit**

83

ils étaient cinq dans un grand lit

Ils étaient cinq dans un grand lit

▸ **montrez votre main et ses cinq doigts**

et le petit poussait poussait

▸ **de l'autre main, saisissez l'auriculaire et faites-le pousser les autres doigts**

et le pouce tomba du lit.

▸ **le pouce se replie**

Ils étaient quatre dans un grand lit

▸ **montrez les quatre doigts, le pouce reste replié**

et le petit poussait poussait

▸ **de l'autre main, saisissez l'auriculaire et faites-le pousser les autres doigts**

et l'index tomba du lit.

▸ **l'index se replie**

Ils étaient trois dans un grand lit

▸ **montrez les trois doigts, le pouce et l'index restent repliés**

et le petit poussait poussait

▸ **de l'autre main, saisissez l'auriculaire et faites-le pousser les autres doigts**

et le majeur tomba du lit.

▸ **le majeur se replie**

Ils étaient deux dans un grand lit

▸ **montrez les deux doigts, le pouce, l'index et le majeur restent repliés**

et le petit poussait poussait

▸ **de l'autre main, saisissez l'auriculaire et faites-le pousser l'autre doigt** *et l'annulaire tomba du lit.*

▸ **l'annulaire se replie**

Il était seul dans le grand lit

▸ **montrez l'auriculaire tout fier et content**

et le petit se dit : « J'ai de la place dans ce grand lit. »

▸ **agitez et faites tournoyer l'auriculaire à l'aise dans le grand lit.**

Une variante pour jouer aux chutes et poussées : collez-vous les uns aux autres. Chacun pousse doucement son voisin, puis fait semblant de tomber et s'éloigne un peu. Les oiseaux tombent un à un jusqu'à ce que le petit, tout seul, s'écrie : « Ah, enfin seul ! mais je m'ennuie... »

84

jeux de mains

Les bébés acquièrent la préhension volontaire, puis le lâcher volontaire (vers 8 mois) en même temps que la préhension s'affine (saisie pouce-index vers 9 mois). Les actions entre les deux mains deviennent plus poussées : taper des jouets ensemble, les manipuler. Les bébés font « coucou », « au revoir », « bravo ».

Les chansons et comptines pour jeunes enfants font la part belle aux gestes. C'est l'occasion de jouer avec la motricité et avec la coordination des bras et des mains : les bouger de la même façon (lever, baisser, écarter, tourner), ensemble (frapper, faire le moulin), chacune à son tour.

Quelques jeux de mains classiques

Ainsi font font font

Meunier tu dors

Enrouler le fil

Tapent tapent petites mains

Le mur

Le mur se bâtit
Le maçon est là
Une pierre par-ci
Une pierre par-là
Ah ! le voilà !

▸ **On mime les briques posées les unes sur les autres, mains plates, paumes vers soi, le petit doigt contre le pouce. On monte ainsi jusqu'à la hauteur du visage qui se retrouve caché, puis on écarte les mains sur la strophe finale.**

La samaritaine

La samaritaine taine taine
A B C C C
Va à la fontaine taine taine
A B C C C
Pour chercher de l'eau l'eau l'eau
Dans son petit seau seau seau
Son pied a buté té té
Le seau est tombé bé bé
L'eau s'est renversée.

▸ **Se chante avec un partenaire, face à face. Chaque phrase se découpe toujours de la même façon. Sur la syllabe A : tapez les mains sur les cuisses.**
Sur B : frappez dans vos mains.
Sur C : frappez dans les mains de celui qui est en face de vous, mains ouvertes et plates à la verticale.

Patouilles et gribouilles

L'enfant aime malaxer, triturer, taper, frotter, secouer, déchirer, froisser, gribouiller. Par toutes ces manipulations et « patouilles », il mémorise des informations sensorielles et les organise en perceptions. Ainsi, il acquiert des connaissances sur les caractéristiques des objets (forme, matière, poids, etc.)

et sur leurs propriétés (roule, se casse, émet tel son, etc.). De lui-même, il va apprendre à adapter son geste, à préciser et à maîtriser ses mouvements. La curiosité de votre enfant pour le monde qui l'entoure stimule son sens de l'observation et son envie de comprendre. Admirez sa concentration lorsque vous le laissez mener à son terme une activité librement choisie.

85

cahier d'artiste

Votre enfant s'intéresse aux crayons : offrez-lui un cahier d'artiste personnel.

Laissez à disposition un cahier de format moyen, à feuilles blanches, avec du matériel pour le remplir : crayons de couleurs, gommettes, feutres, crayons-cires... Quand il le souhaite, il peut le prendre et, à sa guise, gribouiller, dessiner, colorier, coller.
Si le cahier est pris à l'envers, si des pages sont sautées, aucune importance.
Une seule consigne : liberté totale ! Il n'y a pas d'enjeu de réussir, de « bien » faire, de faire joli ou conformément à un modèle. Il s'agit d'explorer, d'expérimenter et de s'approprier.

Vous pouvez légender certaines œuvres du cahier, avec la date ou un titre, mais pas systématiquement. Si votre enfant le demande, une autre personne ou vous-même pouvez y laisser une trace… que votre enfant pourra gribouiller à sa guise !

86

un coin d'artiste

Pour que votre artiste en herbe exerce son talent, aménagez-lui un « atelier », dans sa chambre ou dans le salon. Dans un meuble, en accès libre, rangez feuilles, crayons, feutres à l'eau, ardoise, craies, ciseaux adaptés, pâte à modeler, gommettes, peinture, pinceaux, colle, blouse (un de vos vieux t-shirts fera l'affaire). Complétez par une table et une petite chaise à sa hauteur. Sous votre regard attentif et bienveillant, avec des règles claires, il pourra faire attention assez tôt. Si certains matériels ne peuvent d'abord être laissés en libre accès, montrez-lui où ils sont rangés. Il pourra ainsi vous les demander. Soyez attentif à son évolution pour lui laisser à disposition, au bon moment, du matériel adapté. Respectez sa concentration, laissez-le créer sans intervenir systématiquement.

87

modeler

La première « pâte à modeler » est celle qui se trouve à portée de main : dans l'assiette ! Tous les enfants jouent avec leurs aliments : ils triturent la purée, palpent des carottes cuites, pressent les grains de raisin, malaxent, aplatissent, arrachent, étendent...
Selon les possibilités offertes par les matériaux, ils forment boules, boulettes et boudins, mettent bout à bout, creusent, font des trous avec un instrument, un objet ou le doigt.

Il existe de nombreuses sortes de pâtes à modeler, mais pensez qu'en dépannage, une simple boulette de mie de pain ou une boule de farine et d'eau (plus elle est travaillée, plus elle est élastique) feront très bien l'affaire et occuperont votre enfant un bon moment.

88

recette de la pâte à sel

- 2 verres de farine
- 1 verre de sel
- 1 verre d'eau tiède

Mélangez, c'est prêt !
Si la pâte colle, ajoutez un peu de farine ; si elle est trop friable, ajoutez un peu d'eau.

Une fois le modèle réalisé, laissez-le sécher une journée, puis passez-le au four pendant une heure, à 110 °C (th. 4) au maximum.

Au-delà de cette température, la pâte gonfle et le sujet devient difforme. Évitez les objets trop épais. S'il le faut, créez du volume avec du papier d'aluminium. Si besoin, « armez » une construction avec des cure-dents entre deux pâtons.
On peut peindre ou vernir les œuvres et les accrocher si on a pris soin d'incruster un trombone ou un anneau en métal avant la cuisson.

89

pâte à modeler à déguster

Préparez de la pâte d'amandes, de la pâte brisée, sablée ou briochée.
Selon les possibilités et l'intérêt de votre enfant, laissez-le peser, mesurer, ajouter les ingrédients, malaxer, goûter la pâte à différentes étapes de sa réalisation.
Donnez-lui une boule dont il pourra disposer à sa guise, éventuellement quelques accessoires comme des emporte-pièces et de quoi décorer : des pépites de chocolat, des raisins secs, des noisettes, des confettis en sucre...
Au plaisir du modelage peut s'ajouter celui du badigeon au jaune d'œuf pour obtenir une belle couleur dorée.
Laissez votre enfant libre de faire ses expériences, sans trop intervenir, et observez votre petit apprenti chimiste-sculpteur qui se régalera bientôt de ses œuvres.

90

tracer, peindre

Tous les humains, petits et grands, ont la faculté et l'envie de laisser des traces. Choisissez pour votre enfant du matériel non toxique, protégez ses vêtements avec un tablier, les murs et les sols avec du papier kraft ou de la toile cirée. Profitez du beau temps pour faire ces activités dehors. Si possible, dédiez un mur pour peindre et dessiner debout. Fixez les feuilles de papier pour éviter qu'elles ne bougent ou ne se déchirent. Les grands formats sont propices au mouvement ample, préalable au geste fin et précis.

Le plaisir d'utiliser de multiples matériaux

Proposez-lui craies, crayons-cires, feutres, crayons de couleurs, peinture à doigts, gouache, pastilles d'aquarelle, encres. Pour les petites mains, les gros outils favorisent une meilleure prise et une bonne disposition des doigts. Testez des outils qui ne sont pas forcément destinés à la peinture : éponges, pailles, vaporisateurs...

À l'extérieur

Sur un sol en goudron, en pierre ou en bois, votre enfant pourra dessiner et colorier avec des craies. Privilégiez de grosses craies, qui s'useront moins vite. Ces œuvres sont éphémères : à la prochaine pluie, elles seront lavées. Pensez à les photographier ! Votre enfant peut aussi « peindre » avec de l'eau. Par une chaude journée, ses œuvres s'évaporeront.

Les billes

Montrez-lui comme il peut tremper des billes dans de la peinture, les poser sur une feuille et les faire rouler. Quels chemins sont ainsi révélés ? Votre enfant peut aussi essayer les traces laissées par d'autres objets à rouler : noix, noisettes...

La ficelle

Il peut peindre avec une ficelle : il la trempe dans la peinture, dans l'encre ou dans l'eau, puis la pose sur une feuille.

91

les empreintes

Les empreintes peuvent s'imprimer sur de nombreux supports : peinture, pâte à modeler, pâte à sel, argile, sable, farine, boue du chemin, neige...

La patatogravure

Coupez une pomme de terre en deux. Avec un couteau, tracez un motif (cœur, forme géométrique) et évidez tout autour pour le faire ressortir. Dans une assiette, versez un peu de peinture. Votre enfant y applique le motif du « tampon-patate » avant de l'imprimer sur une feuille. Le dessin apparaît !

Pieds et mains

Vous pouvez aussi enduire de peinture les pieds ou les mains de votre bébé ou de votre enfant.

Il les pose sur une feuille ou du tissu et découvre ses empreintes.

Une galette d'argile

Enfin pourquoi ne pas faire ensemble une galette d'argile ? Votre enfant y pose un objet : dentelle, carton ondulé, feuille d'arbre, mousse, plume. Il passe dessus un rouleau à pâtisserie, puis retire l'objet et découvre l'empreinte.

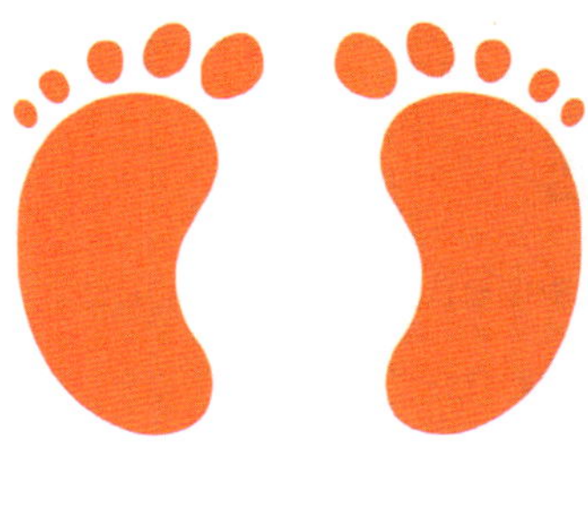

92

dans la salle de bains

À l'heure du bain, proposez à votre enfant d'utiliser de la peinture à doigts. Laissez-le peindre la baignoire blanche, décorer les carreaux, le miroir, s'enduire le corps... Mettez à disposition une grosse éponge, un petit chiffon, une raclette et laissez-lui le plaisir de tout effacer.
Vous pouvez aussi lui préparer un bol de mousse à raser (fabriquez-en dans un bol avec un blaireau si vous pouvez, elle sera plus fine et plus compacte).
Dans la salle de bains pleine de condensation, laissez-le profiter des vitres et des miroirs embués pour s'entraîner à tracer ou à faire réapparaître son image au gré des petites histoires qu'il invente.

Dans cette pièce, le nettoyage final est assez simple et votre enfant sera ravi d'avoir pu expérimenter de nouvelles surfaces.

93

petits papiers

Un enfant a besoin de déchirer, découper, froisser, décoller, coller.
Laissez à sa disposition une boîte ou un panier avec toutes sortes de papiers récupérés : papiers cadeaux, emballages kraft, papiers de soie, feuilles imprimées, journaux, prospectus, catalogues, cartons, emballages de chocolat ou de bonbon.
Quel bonheur de mener ces expériences à sa guise !

Avec des ciseaux adaptés, il découpe des routes, des cercles, ou encore des franges sur le bord du papier. Avec les doigts, il peut déchiqueter dans le même esprit mais avec un effet différent.

Avec des gommettes, il colle, compose des formes, décolle...
Proposez-lui aussi d'appliquer de la colle non toxique sur une feuille et d'y coller les papiers qu'il aura découpés.

Amusez-vous à faire avec lui des pliages et tentez de les faire voler.

94

un bac à sable d'appartement

Procurez-vous un très grand bac en plastique d'une vingtaine de centimètres de haut avec un couvercle (du type caisse de rangement à glisser sous un lit) et versez-y plusieurs kilos de semoule ou de brisures de riz (gros sacs en épicerie exotique).

Installez votre enfant dedans ou à côté, avec ses outils : louche, cuillère, passoire, entonnoir, petit pichet, tube... Ajoutez des boîtes ou des saladiers de différents volumes et de matières diverses pour produire des sons variés.

Pour récupérer facilement les grains tombés à côté du bac et délimiter la surface de jeu, vous pouvez étaler un grand tissu un peu rigide : un tapis, un drap, une toile cirée ou un rideau de douche. Vous pouvez aussi varier les formes et les couleurs : proposez-lui des lentilles vertes ou noires, des pois cassés, des grains de maïs, des haricots blancs ou rouges.

95

enfiler

Les activités d'enfilage sont faciles à mettre en œuvre avec des matériaux courants. Elles sont très ludiques et favorisent le développement de la motricité fine.

- Rassemblez des fils épais et d'autres plus fins : nylon, lacet, cordelette, fil à scoubidou, ruban, bolduc...
- En parallèle, réunissez des objets à trous : grosses et petites perles, pâtes à trous (penne rigate, coquillettes, coudes rayés, macaronis), coquillages, boutons, bouchons de bouteilles percés.

Votre enfant va avoir beaucoup de plaisir à attraper, à faire glisser, à enfiler, pour des créations maison.

Adaptez le matériel à votre enfant. En général, les fils plus épais et rigides avec les grosses perles ou les « gros » objets sont plus adaptés aux enfants plus jeunes.

Pour les plus grands, faites des trous dans des tissus, du papier ou du carton. Ils pourront alors coudre et assembler sans aiguille. Et si vous confectionniez un livre ensemble ?

96

jouer à se cacher

En jouant à coucou-caché, en observant les objets disparaître puis réapparaître, votre enfant acquiert la notion de permanence de l'objet. Il comprend que, plus loin, hors de sa vue, les personnes et les choses existent toujours. C'est ainsi qu'il comprend que les séparations ne sont que provisoires.

Avec un bébé, jouez à vous cacher derrière vos mains ou derrière un tissu. Quand, un peu plus grand, votre tout-petit va se cacher à son tour, faites semblant de ne pas le voir et de le chercher partout : au plafond, derrière le rideau, sous la table, dans une boîte. C'est aussi une initiation à l'humour.

97

participer aux activités du quotidien

Le ménage

Quand votre enfant manifeste son envie de vous suivre, donnez-lui de petits travaux à réaliser. Laissez-le choisir son ou ses accessoires : éponge, petit balai, pelle, balayette, poubelle mobile, chiffon, raclette, plumeau, bassine... Montrez-lui comment laver, frotter, rincer, essorer, balayer, épousseter.

Le rangement

Facilitez la tâche à votre enfant en installant à sa hauteur des étagères, des patères ou des crochets pour qu'il dépose facilement ses affaires. Vous pouvez aussi lui réserver un espace à sa hauteur et rien que pour lui dans certains placards.

Le linge

Laissez-le remplir le bac à linge, le vider dans la machine à laver, le sortir et l'étendre. Ensemble, triez les pièces, reconstituez les paires en demandant : « C'est à **qui** ça ? » ou en commentant : « Deux chaussettes **pareilles**. »

La préparation des repas

C'est l'occasion de découvrir des ingrédients, des ustensiles, des techniques, et d'apprendre des règles de sécurité.

Montrez à votre enfant comment s'installer et laver les légumes avec une petite brosse. Laissez-le couper, essorer la salade, écraser à la fourchette des pommes de terre, passer les pommes cuites au moulin.

Invitez-le à écosser les petits pois, à équeuter les haricots ou à verser des ingrédients pesés. Laissez-le couper du concombre, des betteraves cuites avec un couteau adapté en lui montrant bien le geste. Proposez-lui de couper du persil ou de la ciboulette avec des ciseaux.

Pour une expérience « totale », offrez-lui de mélanger avec les mains (propres, il va sans dire) une salade de riz ou de semoule.

S'il en manifeste l'envie, permettez-lui de mettre le couvert ou de faire le service à table en distribuant dans les assiettes.

98

souffle

Le souffle est partout dans la vie : respiration, langage...
Soufflez sur la surface de l'eau : dans le bain, à la piscine, en mer ou encore au-dessus d'une bassine. Soufflez avec la bouche à l'aide d'une paille ou d'un tuyau. Proposez à votre enfant de souffler à son tour. Jouez avec les variations : souffle long/court, doux/fort. Observez avec lui les effets : éclaboussures, bulles, ridules sur l'eau.

Avec le souffle, soulevez et déplacez des objets légers : feuille d'arbre, plume, coton, boulette de papier froissé, balle de ping-pong, ballon de baudruche.

Vous pouvez aussi réaliser un mobile léger, par exemple un carrousel.

- Découpez un cercle dans du papier épais coloré.
- Tracez un trait du centre vers le bord (le rayon), coupez.
- Faites chevaucher les deux pans pour former un cône (comme un chapeau chinois) et fixez avec de la colle ou des agrafes. Suspendez de jolis motifs en papier ou en tissu légers sur tout le pourtour.
- Pour suspendre votre création, attachez une grosse perle au bout d'une ficelle et passez la ficelle dans le trou à la pointe du cône. La perle bloquée à l'intérieur sera plus efficace qu'un simple nœud pour retenir le carton.

99

bulles

Faites des bulles dans le bain ! Frottez ensemble vos mains humides et savonnées, écartez-les lentement : voyez-vous apparaître de quoi faire une bulle ? Montrez à votre enfant comment faire pour qu'il essaie à son tour.

Dehors, soufflez des bulles de savon au gré du vent, observez leur chemin.
Votre enfant peut aussi courir après les bulles et les attraper, pour les garder dans la main ou les faire éclater.
Il peut les claquer entre les mains, les écraser avec le pied, les toucher avec la tête, les éclater avec un jouet.
Vous pouvez même les chasser au loin, avec un éventail en papier.
Nommez et signez l'endroit où elles éclatent : papa, le chien, la fleur, l'herbe...

100

recette pour bulles géantes

Pour 1 litre de liquide à bulles

- 650 ml d'eau (l'eau distillée est la plus efficace)
- 50 g de sucre (astuce qui permet de faire durer les bulles plus longtemps)
- 200 ml de liquide vaisselle*
- 100 ml de glycérine (3 euros environ en pharmacie)

- Versez 250 ml d'eau dans une grande bouteille, puis diluez chaque ingrédient en mélangeant doucement à chaque fois, sans faire mousser.
- Complétez avec le reste d'eau et laissez reposer quelques heures ou une nuit, bouchon ouvert, de façon que l'alcool contenu dans le détergent s'évapore.

* Les marques Draft®, Fairy® ou Dawn® de Procter & Gamble donnent les meilleurs résultats. Paic citron® fonctionne aussi très bien.

Pour créer des bulles moyennes, trempez des entonnoirs, des goulots de grosses bouteilles en plastique, des pailles (entaillez l'extrémité de plusieurs coups de ciseaux dans le sens de la longueur puis écartez les bords) dans une assiette plate.

Pour des bulles géantes, fabriquez une grande forme en fil de fer (il vous faudra un plateau un peu creux pour le tremper) ou l'instrument suivant :

• Procurez-vous une corde en coton d'environ 6 mm de diamètre ; coupez 2 morceaux : l'un de 50 cm et l'autre d'1 mètre.

- Prenez 2 baguettes en bambou et fendez les extrémités de chaque baguette. Coincez-y les extrémités des cordes pour créer une boucle.
- Immergez les cordes dans le récipient, relevez et étirez-les en écartant les bâtons. Vérifiez qu'un film de bulle se forme.
- Gonflez la bulle en vous mettant dos au vent ou en vous déplaçant, puis refermez la boucle pour détacher la bulle, si nécessaire.

En conclusion

Les idées développées dans ce livre sont à adapter aux envies et aux capacités de chacun. Utilisez-les comme **des points de départ à votre propre inventivité.**

Respectez les temps de jeux libres, primordiaux pour l'enfant : temps pour rêver, s'inventer un monde, élaborer sa pensée et son langage.

Aménagez l'environnement et vos propositions aux progrès, aux goûts et aux possibilités de votre enfant. Respectez son rythme : il peut être rapide dans un domaine et avoir besoin de plus de temps dans un autre. Laissez-lui le temps de grandir.

Quelques idées de lectures pour les grands

- *L'Éveil de votre enfant, le tout-petit au quotidien*, Chantal de Truchis, Paris, Albin Michel, 2009.
- *Pourquoi les bébés jouent*, Laurence Rameau, Éditions Philippe Duval, 2011
- *Bébé yogi, le mouvement à l'état de grâce*, Sophie Dumoutet, Éditions Robert Jauze, 2006.
- *Le Quotidien avec mon enfant*, Jeannette Toulemonde, Éditions L'Instant présent, éd. rev. et augm. 2010.
- *Élever son enfant autrement*, Catherine Dumonteil-Kremer, La Plage, éd. rev. et augm. 2009.

Pour signer avec les jeunes enfants

- *Signe avec moi*, Nathanaëlle Bouhier-Charles et Monica Companys , Éditions Monica Companys, 2006.
- *Les Bébés signeurs*, Nathanaëlle Bouhier-Charles, Éditions Jouvence, 2010.

Livres et CD pour les petits

- *Carnet d'animation petite enfance* (livre CD), association Mandarine, Éditions Mandalay-Entertainment, 2011 http://assomandarine.chez-alice.fr/CDCAPE.html

- Nous recommandons les travaux d'Hélène Bohy, Agnès Chaumié, Corinne Albaut pour n'en citer que quelques-uns. Renseignez-vous dans les librairies pour la jeunesse et en médiathèques pour savoir quels sont les albums les plus appréciés.

- Les Éditions Didier Jeunesse ainsi qu'Enfance et Musique ont de superbes albums à découvrir.

Ateliers pour signer avec bébé et bambin

Rien de tel que d'aller à des ateliers pour découvrir avec votre enfant les signes, par les jeux, comptines, chansons, livres. Sans compter le partage humain avec d'autres parents et les animateurs et animatrices.

Ces deux associations sérieuses proposent des ateliers parents-enfants, ainsi que des formations aux professionnels de la petite enfance.

- Signe Avec Moi : www.signeavecmoi.com
- Signes 2 Mains : www.signes2mains.fr

Sur Internet

- De nombreux dictionnaires LSF existent, parmi lesquels www.sematos.eu ou www.sourds.net/dicoLSF.

- De nombreux sites vous proposent comptines et chansons. Par exemple : www.momes.net.

- Les Ateliers de Cocci proposent des vidéos de comptines signées (http://ateliersdecocci.com).

Merci à Signes2mains et Arc en signes pour leurs idées et leurs propositions de chansons (activités 3 et 22).
Merci à Benoît Viquesnel d'avoir autorisé la reproduction de sa berceuse (activité 19).

Les auteures

Nathanaëlle Bouhier-Charles est mère de quatre enfants "signeurs". Elle découvre la pratique des signes avec les bébés alors qu'elle vit aux États-Unis. À son retour en France, l'idée est adaptée à la Langue des signes française, et popularisée à travers des ateliers parents-enfants et des formations pour les professionnels. Après avoir lancé le réseau Signe Avec Moi, elle continue de s'engager dans le soutien à la parentalité positive à travers une association et un journal.
www.nbouhiercharles.com

Flavie Augereau est mère de deux enfants (bientôt trois) « signeurs ». Depuis ses débuts de l'apprentissage de la Langue des signes française et après avoir travaillé auprès d'enfants sourds, elle est convaincue du bienfait des signes pour tous les enfants. Son métier de psychomotricienne l'amène à travailler régulièrement auprès des jeunes enfants, de leurs parents et des professionnels de la petite enfance. Elle s'engage ainsi dans l'accompagnement respectueux de l'éveil du jeune enfant. Elle est également animatrice Signe Avec Moi et formatrice auprès des professionnels de la petite enfance.

Index

Les signes illustrés sont indiqués en **gras**.
Les autres sont simplement expliqués.